Klaus Weyers

Fromm – Deutsch
Deutsch – Fromm

Klaus Weyers

Fromm – Deutsch
Deutsch – Fromm

Ein unterhaltsames Kirchenlexikon

benno

Bibliografische Information der Deutschen Nationalbibliothek
Die Deutsche Nationalbibliothek verzeichnet diese Publikation in der Deutschen Nationalbibliografie; detaillierte bibliografische Daten sind im Internet über http://dnb.d-nb.de abrufbar.

Besuchen Sie uns im Internet:
www.st-benno.de

ISBN 978-3-7462-2905-8

Stammerstr. 11
04159 Leipzig
Umschlaggestaltung: Ulrike Vetter, Leipzig
Umschlagmotiv: © drizzd/Fotolia.com
Gesamtherstellung: Kontext, Lemsel (A)

VERSTEHEN SIE KIRCHENDEUTSCH?

Jede Fachrichtung hat ihre eigene Sprache. Wenn jemand sagt: „Die neue Rezeption des sozialen Phänomens weist auf die Bedeutung der Sozialisation im Kontext der multikulturellen Aspekte!“, dann verstehe ich das zwar nicht, aber der Mann ist sicher Sozialpädagoge. Wenn jemand sagt: „Die Spiritualität des Säkularinstituts ist in ihrer trinitarischen Prägung signifikant für die eschatologisch geprägte Hoffnung der Kirche!“, dann ist das zwar katholisch gedacht und geschrieben, aber ich weiß immer noch nicht, was der Verfasser mir da erklären wollte. Was ist Spiritualität, was ist ein Säkularinstitut, was ist trinitarisch, was ist eschatologisch und was heißt eigentlich Kirche? Was ist die Kirche, wenn man das für einen ungetauften und fern von jedem religiösen Lebensraum aufwachsenden Menschen erklären soll?

Hier muss man erst einmal sagen, dass es verschiedene Arten von Übersetzung gibt. Eine davon ist die mit einem Wörterbuch, die andere ist das Leben. Was Liebe ist, kann man mir mit einer Definition erklären: „starkes Gefühl des Hingezogenseins, starke, im Gefühl begründete Zuneigung zu einem Menschen“. Ich habe nicht durch eine solche Definition gelernt, was Liebe ist, sondern ich habe es am Leben meiner

Eltern erfahren können. Was Kirche ist, habe ich durch meine Eltern und durch das Leben guter Priester erfahren. Die Definition zu diesem Wort kam dazu, nämlich in Unterricht und Studium und beim Hören guter Predigten. Die Kirche muss das, was sie zu sagen hat, den Menschen nicht zuerst durch Definitionen übersetzen, sondern zuerst durch das Leben. Wenn beides zusammenkommt, ist es gut.

Wir werden also nun versuchen, ein Kirchendeutsch-Wörterbuch zustande zu bringen. Die andere Seite der Arbeit müssen alle Glaubenden leisten. Sie müssen den Mitmenschen die Möglichkeit geben, dass man an ihnen als lebendiges Lexikon ablesen kann, was Glaube, Hoffnung und Liebe ist. Das ist wie mit einem guten Wein. Einen 2007er La Mancha lerne ich nicht durch eine Definition kennen. Jemand muss ihn mir einschenken, damit ich ihn trinke. Hinterher kann ich ja auch versuchen, den köstlichen Genuss mit Worten zu beschreiben und notfalls auch zu definieren.

Klaus Weyers

A WIE ADAM

ABSOLUTION

(von lateinisch *absolvere* = lossprechen, freisprechen). Nur wenn jemand einsieht, dass er Schlimmes getan hat, kann man ihm wieder neue Verantwortung übertragen. Das passiert in der Beichte. Man könnte das mit einem Fußballspieler vergleichen, der nach einem schlimmen Foul erst einmal die rote Karte zu sehen bekommt und nach Einsicht seiner Ruppigkeit dann wieder in der Mannschaft mitspielen darf. Wer beichtet, wird durch die Absolution wieder in das Spiel der Kirche eingegliedert. Der „Schiedsrichter" ist in diesem Falle Gott. Der Priester, bei dem man beichtet, ist Gottes beauftragter „Schiedsrichter-Assistent".

ADAM

(hebräisch = Mensch aus Erde). Mit Adam und Eva hat die Geschichte angefangen. Vor Adam und Eva gab es zwar Natur, aber keine Geschichte. Die ist offensichtlich nicht so blendend gelaufen. Man kann nur hoffen, dass Mensch und Menschheit und Erde sich einmal komplett vollenden dürfen.

ADVENT

(lateinisch *adventus* = Ankunft). Die Zeit des lauten und ungebremsten Einkaufsrummels vor Weihnachten. Sollte eigentlich so eine Art von schallgeschütztem Warteraum vor dem Kommen Jesu sein mit der Überlegung zur Frage: Worum geht es denn eigentlich zu Weihnachten und in meinem Dasein?

AGNUS DEI

(lateinisch = Lamm Gottes). Ein Ruf der Gemeinde an Jesus Christus in der Heiligen Messe, wobei es erstaunlich ist, mit welcher Selbstverständlichkeit Jesus sich von uns als Lamm bezeichnen lässt. Ein Lamm ist schließlich ein kleines Schaf. Mit dem Bundespräsidenten dürften wir so etwas nicht machen.

ALPHA UND OMEGA

Erster und letzter Buchstabe des griechischen Alphabets. Warnender Hinweis darauf, dass wir alle einmal angefangen haben, aber auch alle einmal einen letzten Schnaufer tun werden. Man kann zwar so leben, als ob es immer so weitergehe. Das tut es aber nicht.

Wer wird uns dann auffangen, erwarten und vollenden? Oder wird unser letzter Lebensbuchstabe in den Sand geschrieben sein? Muss er aber ganz sicher nicht.

ALTAR

(von lateinisch *altus* = hoch). Wichtigster Ort in einer katholischen Kirche, nämlich der Ort einer ganz speziellen Begegnung zwischen Gott und den Menschen.

AMBO

Im Kirchenraum der Ort, von dem aus die Texte der Heiligen Schrift verlesen werden und von dem aus gepredigt wird. Kann etwa mit dem Pult verglichen werden, von dem aus die Bundestagsabgeordneten im Bundestag reden.
Siehe dazu „Kanzel/Ambo", S. 132.

AMEN

(hebräisch = fest sein, fest machen). Schlusswort vieler Gebete, sozusagen Siegel und Unterschrift: dazu stehe ich felsenfest. Hütet vor leichtsinnigem Plappern von schwerwiegenden Gebetstexten.

ANGELUS

(lateinisch = Engel). Katholisches Gebet um sieben Uhr früh, zwölf Uhr mittags und sechs Uhr abends. Erinnert daran, dass Gott Mensch geworden ist: „Der Engel des Herrn brachte Maria die Botschaft, und sie empfing vom Heiligen Geist." Nachzulesen im ersten Kapitel des Lukasevangeliums, Verse 26 bis 37.

APOKALYPSE

(griechisch = Enthüllung). Die apokalyptischen Schriften befassen sich in zum Teil phantasievollen Gedankengängen mit dem Ende unserer Weltgeschichte. Wie passiert das, was passiert dann, wie geht die Sache aus? Sie geht gut aus, denn Gott wartet auf uns.

APOSTEL

(griechisch = der Abgesandte, der Abgeordnete). Laut Neuem Testament gab es zwölf davon, also ein volles Dutzend. Der Absender der Abgesandten war Jesus Christus. Die Adressaten der Abgesandten sind alle Menschen. Der Inhalt der Sendung ist die Nachricht vom guten Gott.

APOSTOLISCHE SUKZESSION

(von lateinisch *succedere* = an die Stelle von jemandem treten, ihm nachfolgen). Das ist so wie eine lange ununterbrochene Kette von den ersten Aposteln bis zum jüngsten neugeweihten Kaplan. Insofern gebe ich als Priester über die Jahrtausende weg dem heiligen Petrus die Hand. Wäre die Kette unterbrochen, könnte ich mich nicht als Priester bezeichnen, sondern höchstens als Religionsbeamter. Und der Papst wäre nur Aufsichtsratsvorsitzender mit Wohnrecht im Vatikan.

APOSTOLISCHES GLAUBENSBEKENNTNIS

Sehr praktische Kurzformel dessen, worum es im Glauben geht. Sozusagen eine Gebrauchsanweisung für den Glauben der Gemeinde und des Einzelnen. Enthält alles Wesentliche, aber nichts Überflüssiges. Geltungsbereich: gesamte Weltkirche.

ASKESE

siehe „Fachvokabeln, Aszetik“, S. 36.

ATHEIST

(neugriechisch = Mensch ohne Gott). Kommt in dieser Form im alten Griechischen nicht vor: Im Griechischen gibt es nur „gottverlassen“, „ohne göttliche Hilfe“. Dass ein Mensch Gott links liegen lassen könnte, war unvorstellbar. Heute scheint das statistisch gesehen ziemlich normal zu sein. Aber die Frage ist nicht, ob wir Gott links liegen lassen, sondern die Gewissheit ist, dass er uns nicht links liegen lässt.

AUDIENZ

Die Möglichkeit, in Rom beim Papst vorbeizuschauen. Steht prinzipiell jedem offen. Es gibt Generalaudienzen und Einzelaudienzen. So etwas bieten weder Obama noch Medwedjew noch der Chef von General Motors.

B WIE BEFFCHEN

BALDACHIN

(lateinisch so viel wie „kleiner Himmel“). Ein mit kostbarem Stoff aus Bagdad bespanntes tragbares Schutzdach. Wurde früher als Würdezeichen von kräftigen Männern über Papst, Kardinäle und Bischöfen getragen, später als Hoheitsabzeichen fest über dem Bett von Herrschern installiert, heute noch manchmal bei Brautbetten üblich. Wird in der Kirche nur noch zur Fronleichnamsprozession über dem Priester mit der Monstranz getragen.

BEATIFIZIERUNG

(von lateinisch *beatus* = gesegnet). Kommt im heutigen Deutsch nur noch als Mädchenname „Beate“ vor. In der katholischen Kirche die amtliche Verkündigung, dass ein bestimmter Mensch besonders vorbildlich gelebt hat und deshalb verehrungswürdig ist. Das Gegenteil davon wäre etwa Verdammung. Die Kirche verdammt aber keinen Menschen. Sie setzt sich wohl kritisch mit seinen Ansichten auseinander, wenn es sein muss.

BEFFCHEN

(aus dem Niederländischen). Weiße Halsbinde aus

zwei Leinenstreifen. Heute noch am Hals evangelischer Pfarrer zu sehen. Katholischerseits im Zuge der sich wandelnden Priesterkleidungsmode nicht mehr vorhanden, sofern die Priester überhaupt noch am Halse etwas Berufsspezifisches tragen.

BEICHTE

(mittelhochdeutsch = feierlich bekennen). Übliche Bezeichnung für das Bußsakrament. Siehe unter: „Sakrament hört sich an wie Medikament". Die Frage ist: Wie wird einer mit seiner Schuld fertig, mit wem kann er darüber sprechen, wer nimmt ihm den Packen von Gemeinheiten ab, den er sich selbst auf den Buckel geladen hat?

BENEDIKTINER

Siehe „Kirchliche Spezialtrupps, Orden", S. 64.

BETLEHEM

(hebräisch = Brothausen). In diesem Ort, Haus des Brotes, wurde Jesus Christus geboren.

BIBEL

(griechisch *byblion* = Buchrolle, Schrift, Brief). Eine handelsübliche Bibel hat etwa 1 500 Seiten. Die Bibel hat zwei Teile, das Alte Testament bis Christus, das Neue Testament von Christus an. Die Bibel ist die komplette Sammlung der von den christlichen Kirchen als offenbartes Wort Gottes betrachteten Schriften, die Heilige Schrift. Ein erstaunliches und verblüffendes Buch, mit dem man nie ans Ende kommt. Siehe dazu „Bibel/Lektionar“, S. 126.

BUND

(von *binden, sich aneinander binden*). Das ist viel mehr als eine GmbH. Eine Ehe ist auch mehr als eine Zweckgemeinschaft zur Vernichtung des monatlichen Haushaltsgeldes. Die Bibel hat den Mut, unser Verhältnis zu Gott als Bund zu bezeichnen. Vertragsabschluss mit Vorbehalt und Rücktrittsklausel gibt es da nicht.

BUßE

(mittelhochdeutsch = religiös-sittliche Genugtuung). Es geht um die Wiederherstellung kaputt gemachter Beziehungen zwischen mir und dem Mitmenschen und zwischen mir und Gott. Das ist mehr als ein Schadensersatz für ein verbeultes Auto. Wie kann man Bruch in der Ehe wieder heilen? Wer hilft mir dabei? Da ist ein „Entschuldige bitte, das war Blödsinn von mir!“ entschieden zu wenig.

C WIE CHORAL

CARITAS

(lateinisch = Hochachtung, Liebe). In Berlin unter dem Krankenhausnamen Charité zu entdecken. In der katholischen Kirche hierzulande nimmt der Deutsche Caritasverband (DCV) mit etwa 400 000 Mitgliedern und über einer Million freiwilligen Helfern im Rahmen der Freien Wohlfahrtspflege soziale Aufgaben umfangreicher Art wahr. Das entbindet aber den Normalkatholiken in der Pfarrei keinesfalls davon, sozial zu denken und zu handeln, kurz: Nächstenliebe zu üben. Die Caritas-Dienststelle im Pfarrhaus entbindet nicht vom freundlichen „Guten Morgen" zum blinden Nachbarn.

CHARISMA

(griechisch = Gunst, Gnade). Heutzutage ist dieses Wort weithin ins Nichtssagende abgedrängt. Jeder Käseverkäufer auf dem Markt hat sein besonderes Charisma, den Schnittkäse an die Kundschaft zu bringen. Das Charisma des neuesten PKW-Modells soll angeblich selbst meine Urgroßmutter in Ekstase versetzen, was immer auch dieser Satz besagen will. Charisma im eigentlichen Sinne gehört zur Kirche, und nicht etwa zu einem begabten Torschützen im Fußball. Charismen sind besondere Fähigkeiten, die Frauen und Männern von Gott für besondere Krisen und Notsituationen in Welt und Kirche geschenkt werden. Heutzutage wäre das wohl die Gabe des Tröstens und Mut-Machens und die besondere Gabe, die Salzsäurestimmung im Land und in der Pfarrgemeinde in tapferes Lächeln zu verwandeln.

CHORAL

(lateinisch *chorus* = Chor). Spezieller kirchlicher Gesang. Protestantisch: jeder Gemeindegesang beim Gottesdienst. Katholisch gibt es die Spezialform des Gregorianischen Chorals. Der hat nicht fünf Notenlinien, sondern vier. Er ist einstimmig und nicht mehrstimmig. Gut anzuhören zum Beispiel auf der CD „Chant" der Zisterzienser von Heiligenkreuz.

CHRISAM

(griechisch *chriein* = salben). Man kann sich mit Worten verständigen, aber oft noch besser mit Zeichen. Chrisam ist ein Öl, das bei verschiedenen Riten der Kirche verwendet wird. Es besagt: Gott will, dass der Mensch geheilt und gestärkt wird. Siehe auch: „Sakrament hört sich an wie Medikament".

D WIE DEKAN

DEKALOG

(griechisch *deka logos* = die zehn Worte, die Zehn Gebote). Computer schafft man sich „leer" an. Sie müssen ein Programm bekommen, von dem aus man weiträumigst arbeiten kann. Voraussetzung: Das Programm muss kompatibel sein. Der Mensch wird vergleichsweise „leer" in die Welt geliefert. Er muss ein fundamentales und kompatibles Programm bekommen. Die Zehn Gebote sind das Grundprogramm. Da es über mehrere Jahrtausende im Großteil der Menschheit „eingespeichert" war, gab es einen einheitlichen Verstehens- und Handlungshorizont mit gleichen Verhaltensmustern und Wertvorstellungen. Wir erleben heute, was passiert, wenn das nicht mehr so ist.

DEKAN

Siehe „Verantwortungsträger in der kirchlichen Struktur", S. 117.

DEMUT

(mittelhochdeutsch = Mut zum Dienen). Demut ist der Balanceakt zwischen Hochmut und Resignation. Der demütige Mensch erträgt seine eigene Unzulänglichkeit und Fehlerhaftigkeit. Luther sagt, der demütige Mensch weiß nicht, dass er demütig ist. Darum geht er der Umwelt nicht auf die Nerven und kann es ohne Herzinfarkt ertragen, wenn die Umwelt ihm auf die Nerven geht.

DIAKON

(griechisch *diakonos* = der für den Lebensunterhalt Sorgende). Der Diakon in der heutigen Kirche assistiert in der Liturgie, predigt und ist in der Sozialarbeit der Kirche tätig. In der katholischen Kirche gibt es keine Diakoninnen, genau wie es keine Priesterinnen und Bischöfinnen gibt. Auch Päpstinnen kommen nur in der Fabel vor.

DIAKONISSEN

In der evangelischen Kirche Frauen in der Sozialarbeit der Kirche, nicht in der Liturgie und im Predigtdienst. Die Lebensform ähnelt der einer Ordensschwester in einer katholischen Kongregation.

DIASPORA

(griechisch = Zerstreuung). Katholiken und Protestanten erleben sich zunehmend als Einzelwesen, die man mit der Lupe suchen muss. Aber Salz erlebt sich auch nicht als die absolute Mehrheit in der Suppe, und Fettaugen auch nicht.

DOGMA

(griechisch = das, was richtig erscheint). Beim Dogma geht es um den Glauben, um die Darlegung des Glaubens und um das Bekenntnis des Glaubens. Es geht nicht um Verwaltung, Finanzen, Struktur oder die Frage, ob Priester zu Pfingsten eine rote Rose am Hut tragen müssen. Dogmen entstehen aus einer jeweiligen Zeitfrage, zu der die Kirche Stellung nehmen muss. Die Kirche ist nicht beliebig dehnbar wie Gummi. Mit ihren Dogmen umschreibt sich die Kirche nach außen und gibt Sicherheit nach innen. Ohne Dogmatik wird Religion zum konturenlosen auseinanderlaufenden Gefühlsbrei. Siehe auch „Ein paar wichtige Fachvokabeln".

DOMINIKANER

Siehe „Kirchliche Spezialtrupps, Orden", S. 64.

DREIFALTIGER GOTT

Die Christen feiern Gott immer als den Dreifaltigen Gott. Aller guten Dinge sind drei. Wir feiern kein Vierfaltigkeitsfest und kein Zweifaltigkeitsfest und schon gar kein Einfältigkeitsfest. Was soll die Zahl *Drei* im Bezug auf Gott? Sie sagt, dass Gott uns überraschend nahe ist. Gott, der Vater, hat uns geschaffen. Gott, der Sohn, also Jesus Christus, hat uns erlöst und ist bei uns. Gott, der Heilige Geist, ist sich nicht zu schade, als Heiliger Geist in uns zu wohnen. Das geht über unseren Horizont, und da streikt unser Verstand. Aber man muss ja auch nicht alles im Leben mit dem Verstand analysieren können. Oder kann man das strahlende Lächeln von Papi oder Mami analysieren, wenn sie das erste Mal ihr Baby auf dem Arm halten? Die staunen nämlich beide. Und ein Christ staunt über den Dreifaltigen Gott.

Siehe dazu „Dreifaltigkeit“, S. 138.

E WIE EXZELLENZ

EMINENZ

(lateinisch = der Hervorragende). Ehrentitel und Anrede für Kardinäle im diplomatischen Bereich und bei offiziellen Anlässen. Es gibt aber auch besonders in der Politik „graue Eminenzen", die hinter den Kulissen wirken, nicht immer segensreich.

ENGEL

(griechisch *aggelos* = Bote). Zurzeit in Form von Schlüsselanhängern, Spruchkarten, niedlichen Nippes-Figuren und so weiter sehr in Mode. Man soll da aber vorsichtig sein. Engel und Erzengel sind Boten zwischen Gott und uns. Sie sind keine harmlosen Glücksverheißer und Märchenfeen. Über den Schutzengel hat jeder von uns einen „kurzen Draht" zu Gott. Die Engel sind die Nachricht, dass der gewaltige Gott sich nicht nur um das Weltall kümmert, sondern auch um uns mickrige Gestalten und unseren Kleinkram.

ENZYKLIKA

(griechisch = Allgemeiner Rundbrief). Früher Rundbrief des Papstes an alle Bischöfe, heute an alle Bischöfe und Gläubigen, seit Papst Johannes XXIII.

oft auch mit dem Zusatz: an „alle Menschen guten Willens“. Ob die den auch lesen, ist nicht ganz so sicher. Enzykliken sind keine Gute-Nacht-Lektüre. In ihnen nimmt der Papst in verbindlicher Weise zu wesentlichen Fragen der Gegenwart Stellung, was ab und zu ziemlich viel Aufregung verursacht.

EPIPHANIE

(griechisch *epiphaneia* = Erscheinung). Es geht dabei nicht um das Erscheinen des Schlossgespenstes Fridolin auf Burg Schreckenstein, also nicht um Parapsychologie und Gespensterkunde, sondern um das für einen geschichtlichen Augenblick lang dauernde Sichtbarwerden der Herrlichkeit Gottes mitten unter uns Normalbürgern. Naturwissenschaftlich ist hier nichts zu erklären. Im Glauben ist hier viel zu erfahren.

EPISKOPAT

(griechisch *episkopos* = Aufseher, Leiter, Beschützer, Bewahrer). Komplette Garnitur der Bischöfe rings um unseren Globus. Siehe auch „Die Verantwortungsträger in der kirchlichen Struktur“.

EPISTEL

(griechisch *epistole* = Brief). Einer von den zwei Texten aus der Heiligen Schrift, die in der Heiligen Messe feierlich verlesen werden. Meist aus den Briefen, die die Apostel an ihre Gemeinden geschrieben haben, also schon sehr alt und immer noch modern. Paulus hat seinen Brief an die Leute von Ephesus etwa um 60 nach Christus in den Briefkasten geworfen. Darin steht der Satz: „Ertraget einander in Liebe." Diese Anweisung ist auch im Jahre 2009 absolut nicht überflüssig. Heute würde Paulus sie etwas anders formulieren: „Tretet euch in der Pfarrgemeinde nicht dauernd auf die Zehen und schont das Nervenkostüm der anderen."

ERBSÜNDE

Es muss am Anfang der Menschheitsgeschichte eine Katastrophe gegeben haben, die sowohl die Beziehung der Menschen untereinander als auch die Beziehung des Menschen zur Natur und vor allem die Beziehung des Menschen zu Gott grundlegend gestört hat. Die Menschheit ist von daher sozusagen Gengeschädigt. Ein Schaden an einem Gen ist nicht zu reparieren. Er wirkt sich in allen folgenden Generationen aus. Die Bibel versucht, diesen Vorgang mit der Geschichte von dem Baum mit der verbotenen

Frucht und dem verlorenen Paradies zu beschreiben. Man kann es auch anders sagen: seit Adam und Eva läuft eine Laufmasche der Zerstörung durch die Weltgeschichte, die wir nicht auffangen können.

ERSTKOMMUNION

Der Tag, an dem jemand zum ersten Mal das Heilige Mahl empfangen darf. Wird besonders in vielen katholischen Gegenden unserer Welt fast wie eine Hochzeit gefeiert.

ERZBISCHOF

Siehe Bischof, nur mit Verantwortung für mehrere Bischöfe einer Kirchenprovinz.

ESCHATOLOGIE

(wird Es-chatalogie ausgesprochen; griechisch *to eschaton* = das Allerletzte). Wir gehen alle auf den Moment zu, an dem wir unseren letzten Schnaufer tun. Auch unsere schöne Mutter Erde kullert auf einen letzten Sonnenaufgang zu. Wann beides sein wird, wissen wir nicht, aber dass es sein wird, streitet keiner ab. Man kann den Tod nicht verharmlosen oder verdrängen. Sterben muss sein. Die theologische Wissenschaft der Eschatologie ist das Nachdenken über die letzten Dinge, soweit man darüber nachdenken kann. Die Zielvorstellung der Eschatologie für den Einzelbürger und den kompletten Kosmos ist die Auferstehung. Geschichte verläuft nicht im Sand, sondern vollendet sich in Gott; der Sarg ist nicht die letzte Behausung des Menschen, sondern der Himmel.

EUCHARISTIE

(griechisch = Danksagung). Siehe Stichwort „Sakrament". Die Eucharistie ist für uns das Brot des Lebens. Der Ort dazu ist die Heilige Messe, die Eucharistiefeier. Man kann bekanntlich jahrelang ohne Schwarzwälder Kirschtorte auskommen, aber nicht ohne Brot. Die Feier der Eucharistie ist sozusagen das Festessen, das Jesus seiner Gemeinde gibt. Hier wird nicht diskutiert, sondern gefeiert. Die Evangelische Kirche feiert Abendmahl, natürlich mit Jesus.

EVANGELIUM

(griechisch *euaggelion* = die gute Botschaft). Spezieller Fachbegriff für die gute Nachricht Jesu, dass Gott nichts am Untergang der Welt liegt, sondern ganz im Gegenteil an ihrer Vollendung.

EWIGES LICHT

Gehört zur Standardinneneinrichtung katholischer Kirchen. Farbe: rot. Hat Signalwirkung: Lieber Besucher, Sie befinden sich hier nicht in einer Sporthalle oder in einem Supermarkt, sondern in einem Raum, der von der Gegenwart Gottes geprägt ist.
Siehe dazu „Ewiges Licht", S. 141.

EXERZITIEN

(lateinisch *exercitium* = Übung). Die Fähigkeiten zum Beten, Glauben, Hoffen, Lieben fliegen uns nicht wie gebratene Tauben in den Mund. Mit der Taufe bekomme ich nicht das religiöse Komplettprogramm geliefert. Ich muss üben. Dazu gibt es eben auch spezielle Exerzitien, also Einübungen unter der Anleitung von Erfahrenen.

EXKOMMUNIKATION

(kirchenlateinisch). Ausschluss von bestimmten Rechten in der Kirche, aber kein Ausschluss aus der Kirche. Ist entfernt ähnlich zur gelben und zur roten Karte beim Fußballspiel: Man bleibt in der Mannschaft, darf aber nicht mitspielen. Eine formelle Exkommunikation ist in der Kirche nur für ganz spezielle Fälle vorgesehen, zum Beispiel bei einem tätlichen Angriff auf den Papst, was ja sehr selten vorkommt.

EXODUS

(griechisch *exodos* = Auszug). Titel des zweiten Buches des Alten Testaments. Bezeichnung des Auszugs des israelitischen Volkes aus Ägypten.

EXZELLENZ

(lateinisch = hervorragend). Ehrentitel und Anrede für Bischöfe im diplomatischen Bereich. Bezieht sich auf die Dienststellung des Bischofs, nicht auf persönliche Eigenschaften und Begabungen.

F WIE FREIKIRCHEN

FACHVOKABELN

Katechetik
Wie das Glaubenswissen und das Glaubensleben gelehrt wird.
Homiletik
Wie das Glaubenswissen und das Glaubensleben gepredigt wird.
Aszetik
Wie der Glaube gelebt wird.
Liturgik
Wie der Glaube gefeiert wird.
Dogmatik
Wie das Glaubenswissen durchdacht wird.
Symbolik
Wie der Glaube im Bekenntnis vorgestellt wird.
Exegese-Hermeneutik
Wie der Glaube aus der Heiligen Schrift gesucht wird.
Hymnologie
Wie der Glaube in Liedern und Hymnen besungen wird.

FASTEN

(mittelhochdeutsch = sich am Fastengebot festhalten). Fasten ist der Gegenpol zu Feste feiern. „Wenn Rebhuhn, dann Rebhuhn; wenn Fasten, dann Fasten!“ hat eine große Heilige gesagt. Um sich selbst zu finden, für den Mitmenschen sensibler zu werden und hellhörig für Gott, rät die Kirche zum Beispiel zu der vierzigtägigen Fastenzeit vor Ostern. Da gibt es dann auch zur Unterstützung der Umstellung auf eine andere Lebensweise Fastenpredigten. Damit man wieder neu sehen lernt, werden die Altäre mit Fastentüchern verhüllt, damit man sie zu Ostern bei der Enthüllung überraschend neu entdeckt.

FESTE DER KIRCHE

(lateinisch *festus* = ein Festtag). Weltliche Feste wechseln. Meine Großeltern haben noch den Tag der Schlacht von Sedan (1880) als arbeitsfreien Tag gefeiert, die DDR- Bürger den 8. Mai. Die Kirche wechselt ihre Feste nicht nach politischer Stimmung oder nach Mode aus. Sie hat ihre festen Daten für ihre Feste: Weihnachten als Geburtsfest Jesu Christi, Ostern als Fest der Auferstehung Jesu Christi und Pfingsten als Fest der Ausgießung des Heiligen Geistes. Um diese großen Feste herum gibt es noch eine ganze Reihe anderer Feste, zum Beispiel Christi Himmelfahrt und Fronleichnam. Die evangelische Kirche feiert Karfreitag, den Tag der Kreuzigung Jesu, als ihr Hochfest. Die Kirche feiert nie sich selbst, sondern immer Jesus Christus.

FRATERNITÄT

(lateinisch = Gemeinschaft von Brüdern oder Schwestern). Hier handelt es sich nicht um die *fraternité* als eine der drei Losungen der französischen Revolution. Es geht um einen Zusammenschluss von Männern oder Frauen im Glauben und in der sozialen Arbeit. Mutter Teresa von Kalkutta hat eine Fraternität gegründet, die little Brothers of St. Francis.

FREIKIRCHEN

sind nicht freistehende Kirchengebäude, sondern kirchliche Gemeinschaften ohne Bindung an Großkirchen oder zentrale Leitungsgremien. Die Heilsarmee und die Siebenten-Tags-Adventisten sind zum Beispiel Freikirchen.

FÜRBITTEN

Mutige Art von Gebet für andere. Wir fragen sie ja nicht vorher, ob wir für sie beten dürfen oder ob es ihnen angenehm ist, dass wir uns mit unserem Gebet in ihr Leben einmischen.

G WIE GLOSSOLALIE

GABENBEREITUNG

Damit ein Festmahl stattfinden kann, muss vorher das Essen herbeigeschafft und zubereitet werden. Damit wir Gottesdienst feiern können, müssen Brot und Wein gebracht und vom Priester angenommen werden. Das nennt man die Bereitung der Gaben.

GEBENEDEIT

Ein ungewöhnliches Wort. Kommt im normalen Sprachgebrauch nicht vor. Wird in der Heiligen Schrift als Anrede des Engels an Maria verwendet und bedeutet eine außerordentlich hohe Auszeichnung. „Du bist gebenedeit unter den Frauen". Der schwache Versuch einer Übersetzung ist: du bist gesegnet unter den Frauen.

GEMEINDE

Unterste Gliederung der Kirche, sozusagen Kirche vor Ort. Umfasst alle katholisch Getauften eines bestimmten Gebietes vom Neugeborenen bis zum Allerältesten. Siehe auch unter „Pfarrei" bei „Wo finde ich Katholiken auf der Landkarte?"

GENERALABSOLUTION

Im Rechtswesen des Staates gibt es eine Generalamnestie bei bestimmten Anlässen, zum Beispiel beim hundertsten Jubiläum der Bundesrepublik. In der Kirche gibt es etwas Ähnliches etwa in großen Gefahrensituationen. Da kann die Kirche sagen: Leute, jetzt beten wir alle zusammen darum, dass Gott uns unsere Schuld vergibt, ohne dass wir unsere Sünden/Unmöglichkeiten im Einzelgespräch der Beichte aufarbeiten könnten. Dann gibt es die allgemeine feierliche Sünden-Lossprechung für alle durch einen Priester, also eine Art Generalamnestie.

GENERALVIKAR

Ist kein militärischer Dienstgrad. Gehört zum kirchlichen Verwaltungswesen. Der oberste Chef einer Diözese ist der Bischof. Der zweite Mann ist der Generalvikar, in der Wirtschaft etwa der stellvertretende Generaldirektor. Man könnte auch vorsichtig sagen: der Copilot.

GLORIA

Kommt aus dem Lateinischen und heißt *Ehre*. Bezeichnet einen speziellen Lobgesang in der katholischen Messe. Ist aus der Weihnachtsgeschichte bekannt als das Lied der Engel bei den Hirten von Betlehem.

GLOSSOLALIE

bedeutet Reden ohne Worte. Wir kennen das Wort *lallen*, wenn Kinder versuchen, sich ohne Worte verständlich zu machen, weil ihnen die Worte noch nicht zur Verfügung stehen. Wenn jemand sehr begeistert ist, fängt er auch an, so wortlos seine Begeisterung von sich zu geben, zum Beispiel als Fan vom FC Bayern. Beim Beten kann es Ähnliches geben. Man nennt das Zungenreden. Aber der Apostel Paulus war nicht sehr begeistert davon.

GNADE

(althochdeutsch = göttliches Erbarmen, Hilfe, Schutz). Worte wie *gnädige Frau* oder *allergnädigster Herr* sind bei uns unbeliebt. Wir heutigen Menschen sind absolut selbstständig und wollen keinen über uns, der uns gnädig sein müsste. Das Wort *Gnade* hat aber einen anderen Sinn. Es versucht, die Zuneigung Gottes zu uns Menschen zu beschreiben. Das Wort *Gnade* ist die Kurzformel für alles, was uns Gott ohne Vorbedingung an Zuwendung, Liebe und Lebenserfüllung schenkt. In dieser Zuneigung schwimmen wir, wie Fische im Wasser schwimmen.

GOTTESFURCHT

Ist nicht die schlotternde Angst vor einem bösen und wütenden Gott. Es ist die Sorge, ich könnte mit Gott so umgehen wie mit x-beliebigen anderen Dingen. Gott ist weder eine feuerspeiende Rachegestalt noch ein Schmusepüppchen. Er ist der Unbegreifliche, zu dem ich Du sagen kann, was ich mir bei der Bundeskanzlerin nicht leisten dürfte.

H WIE HIMMELREICH

HALLELUJA

(hebräisch = preist Gott). Ist ein Ausdruck der Begeisterung und muss so wenig übersetzt werden wie „megacool!". Wird von den Christen besonders in der Osterzeit gerne und ausgiebig gesungen, weil Jesus ja auferstanden ist.

HÄRESIE

(griechisch *aireo* = wegnehmen). *Häretiker* ist der Fachausdruck für Gruppen, die aus der Kirche weggegangen sind und eigene religiöse Gemeinschaften gegründet haben. Das Wort ist keine Wertung der moralischen, ethischen und menschlichen Qualitäten dieser Leute.

HEIL

ist nicht das Gegenteil von *kaputt*, sondern von *heillos*. Man kann ein Auto reparieren, aber kein Auto heilen. Der heile Mensch wird nicht mit Medikamenten hergestellt. Die Menschheit findet ihr Heil durch Jesus Christus. In unserer weithin heillosen Welt können wir Heil nicht produzieren. Die Menschheit wird am Ende ihrer Geschichte heil sein, wenn alles mit ihr stimmt: das Leben des Menschen mit sich selbst, das

Leben des Menschen mit den Anderen und das Leben des Menschen mit Gott.

HEILIG

Meine Mutter wusste noch, dass Brot heilig ist. Bevor sie einen Laib anschnitt, bezeichnete sie es mit dem Kreuzzeichen. Unseren Eltern war trotz mancher Schlechtwetterlage und ab und zu schief hängendem Haussegen klar, dass die Ehe heilig ist. Das Heilige weist über das Alltägliche hinaus. Wenn man die Welt nur unter dem Blickpunkt der Verwertbarkeit ansieht, kann man sie gleich zum überdimensionalen Schrotthaufen erklären. Heilige Menschen denken und tun manches, was den Normalbürgern höchst merkwürdig und überflüssig vorkommt, was aber auf den liebenden, heiligen Gott verweist.
Siehe dazu „Heilige“, S. 129.

HERRLICHKEIT

Bedeutet im Neuen Testament eigentlich Lichtglanz, und zwar so gewaltig, dass wir ihn nicht ertragen können. Man kann ja auch nicht ungestraft beim Elektroschweißen in den Lichtbogen gucken. Herrlichkeit bedeutet die Lichtfülle, die von Gott ausgeht. Wir haben keinen finster zürnenden Gott, sondern einen ganz hellen. Dieses Licht bekommen wir Erdenwürmer nur ab und zu einmal blitzartig und wie einen Funken zu sehen, im Himmel dann aber immer.

HIERARCHIE

ist ein Begriff aus der kirchlichen Verwaltung. Er beschreibt das Ordnungssystem der kirchlichen Amtsträger. Die Hierarchie in der Kirche hat die Aufgabe zu verhindern, dass sich die Kirche oder Einzelne in der Kirche oder Gruppen in der Kirche an die Stelle Jesu Christi setzen. Ohne Hierarchie würde die Kirche zum Klub der Beliebigkeiten.

HIMMELREICH

zeigt das Ziel der kompletten Menschheit an, ist also die Beschreibung unserer Zukunft. Diese Zukunft ist nicht namenlos, sondern sie hat einen Namen: Himmel: ganz bei sich sein, ganz bei allen Menschen sein und vor allem ganz bei Gott sein. Im Himmel gibt es nichts Verlorenes mehr, weil sich alles gefunden hat.

HIRTENBRIEF

Ab und zu greifen die Bischöfe in die Tasten des Computers und schreiben als Hirten ihrer Diözese einen Brief an alle Katholiken. Leider gibt es den dazugehörigen Antwortbrief aller Katholiken an die Bischöfe nicht. Dabei wäre eine Herdenantwort für die Bischöfe sicher sehr interessant.

HOCHAMT

Die katholische Liturgie hat viele Gestaltungsmöglichkeiten. Sie kann von der Stillmesse bis zum festlichen Gottesdienst mit Chorgesang sowie mit Pauken und Trompeten reichen. Das normale Sonntagshochamt besteht bei unseren Pfarrgemeinden aus singendem Priester und singendem Gottesvolk.

HOCHFEST

Ein Fest ist ein Fest. Die Katholiken können das aber noch steigern und reden bei den ganz großen Ereignissen noch von Hochfesten: Weihnachten, weil Jesus geboren wurde, Ostern, weil Jesus von den Toten auferstand, Pfingsten, weil die Kirche durch den Geist Gottes in Dauerbegeisterung versetzt wurde. Die Kirche feiert in den Hochfesten nie ihre eigene Großartigkeit, sondern immer Gott.

HOCHGEBET

Das Mittel- und Kernstück der Heiligen Messe. Es darf nie fehlen und muss in der von der Kirche vorgegebenen Form gebetet werden.

HOCHWÜRDEN

Jetzt kaum noch gebräuchliche Anrede an die Priester. Bezog sich nicht auf die Persil-weiße Weste des Priesters, sondern bezeugte den Respekt für seinen Dienst in einem sehr sensiblen und fordernden Beruf, der sowohl mit der Erde als auch mit dem Himmel zu tun hat.

HOMILIE

(griechisch *homilein* = vertraulich reden). Der Priester erklärt im Gottesdienst den Gläubigen die Texte der Heiligen Schrift, die in diesem Gottesdienst verlesen wurden. Wenn die Zuhörer dabei einschlafen, hat er etwas falsch gemacht.

HOSANNA

ähnlich wie Halleluja. Das Hurra und-Begeisterungsgeschrei derer, die sich über Jesus Christus freuen.

HOSTIE

(lateinisch *hostia* = Opfer). Die in der katholischen, evangelischen und anderen christlichen Liturgien gebrauchte Brotform für die Kommunion – das Abendmahl. Es werden keine Brotschnitten ausgeteilt, sondern kleine flache Brotscheiben aus ungesäuertem Weizenmehl.

I WIE INKARNATION

IMMACULATA

(lateinisch = makellos). Absolute Qualitätsbezeichnung der Katholiken für Maria, die Mutter Jesu Christi. Wir alle haben unsere Fehler, Beulen, Schwächen und Bosheiten. Sie nicht, aber nicht, weil ein Menschenkind so makellos sein könnte. Gott hatte es ihr geschenkt, weil sie Jesus zur Welt bringen sollte.

INKARNATION

(lateinisch = Fleischwerdung). Religion ist nicht Theorie. Glaube besteht nicht aus einem Handbuch, in dem man nachschlagen kann, wie man fromm und nett wird. Inkarnation bedeutet, dass der Sohn Gottes als Jesus Christus für uns Mensch geworden ist, was wir konkret mit seiner Geburt in Betlehem zu Weihnachten feiern.

INQUISITION

(lateinisch = fragen). Ursprünglich juristische Befragung bei Disziplinarverfahren gegen Priester. Später schlimme Auswüchse mit Folter und Todesstrafen gegen „Ketzer“. Die Prozesse wurden von den Bischöfen geführt, die weltliche Obrigkeit übernahm die Vollstreckung des Urteils. 1859 wurde die Inquisition in Italien aufgehoben. Die für die Inquisition zuständige päpstliche Behörde wurde erst 1965 offiziell vom Papst aufgelöst. Aber da war natürlich nur noch ein Büro zu schließen und keine Folterkammer abzubauen.

INRI

(lateinisch *Jesus Nazarenus, rex Judaeorum* = Jesus von Nazaret, König der Juden). Die römischen Behörden pflegten bei einer Kreuzigung einen Zettel ans Kreuz zu heften mit den Personalien des Hingerichteten und dem Grund des Todesurteils. Wer sich *König der Juden* nannte, hatte Hochverrat begangen. Aber Jesus hat diesen Posten nie für sich in Anspruch genommen.

INZENS

(lateinisch *incendere* = anzünden). Wenn man Feste feiert, feiern alle Sinne des Menschen mit, also auch die Nase. Wenn man Gott lobt, tut man das mit allen Sinnen. Infolgedessen verwendet die Kirche in ihrer Liturgie Weihrauch, der auf glühende Kohle gestreut wird. Alte katholische Kirchen kann man mit der Nase erkennen, sie riechen nach Weihrauch. Heutzutage erreicht man mindestens zu Weihnachten mit original erzgebirgischen Räucherkerzen im Wohnzimmer einen ähnlichen Effekt.

J WIE JESUS CHRISTUS

JESUITEN

Siehe „Kirchliche Spezialtrupps, Orden“, S. 64.

JESUS CHRISTUS

(hebräisch-griechisch). Jesus ist der Rufname, Christus ist die Berufsbezeichnung. Jesus heißt *Retter*, Christus heißt *der Gesalbte*.
Siehe dazu „Unverzichtbare Hauptwörter, Jesus Christus“, S. 112.

JÜNGSTES GERICHT

Endpunkt der Menschheitsgeschichte in der uns gewohnten Form. Es geht nicht alles immer so weiter. Einmal muss Bilanz gezogen werden, für den Einzelnen wie für die gesamte Menschheit. Den Zeitpunkt wissen wir nicht. Aber ein Mal wird sich unser Dasein im kritischen Spiegel der himmlischen Welt ansehen müssen. Wir werden sehen, wie wir dann aussehen.

K WIE KATHEDRALE

KANONISCHES RECHT

hat nichts mit Kanonen oder Maschinenpistolen zu tun. Ist ganz einfach die komplette Sammlung der Rechtsvorschriften, die die katholische Kirche benötigt, damit alles seinen gesicherten Lauf gehen kann.

KANTOR

Vorsänger und Anstimmer in der Liturgie. In der evangelischen Kirche und im jüdischen Gottesdienst Berufsbezeichnung für Kirchenmusiker.

KANZEL

Früher eine Art von hoch über der Gemeinde angebrachtem Standort, von dem aus wegen der Akustik gepredigt wurde. Heute gibt es Mikrophone, man predigt vom Altarraum aus oder vom Lesepult.

KAPLAN

Unterste Stufe auf der Papstlaufbahn. Ist geweihter Priester, hat aber keine Verwaltungsvollmachten. Arbeitet sozusagen als Lehrling unter einem Pfarrer in einer Pfarrei.

KAPUZINER

Siehe „Kirchliche Spezialtrupps, Orden“, S. 64

KARDINAL

Heißt eigentlich Türangel (lateinisch *cardo*). Nach dem Papst sind die Kardinäle die höchsten Dienstgrade in der Kirche. Sie sind der Senat des Papstes, wählen den Papst und können zum Papst gewählt werden.

KARDINALTUGENDEN

sind nicht die guten Umgangsformen der Kardinäle. Sie sind vielmehr die Leitlinien in einer Zeit der Demontage aller Moralvorstellungen, zum Beispiel durch Massenmedien nach Art der bunten Illustrierten. Die Kardinaltugenden sind: Klugheit, Gerechtigkeit, Tapferkeit, Zucht und Maß. Sie sind leider in keinem Parteiprogramm und in keinem Versandhaushauskatalog zu finden.

KARWOCHE

Die Tage vor Ostern, in denen wir das Leiden und Sterben Jesu feierlich bedenken.

KASUALIEN

Fachausdruck für die spezielle Seelsorge am speziellen Menschen in einer speziellen Lebenssituation: Taufe, Erstkommunion und Konfirmation, Trauung, Krankenseelsorge, Krankheit und Tod.

KATECHESE

Der Versuch, schulisch schon bis zur Grenze geforderten Schülerinnen und Schülern im Religionsunterricht Glaubenswissen zu vermitteln und sie zum Glaubensleben zu befähigen.

KATECHISMUS

Handbuch des nötigen Glaubenswissens speziell für die Unterweisung.

KATECHUMENEN

Erwachsene Anwärter auf die Taufe. Haben schon gewisse Rechte in der Kirche. Sind aber noch nicht Vollmitglieder.

KATHEDRALE

(griechisch von *kathedra* = Lehrstuhl). Kirche, in der der Stuhl des Bischofs steht. Ein Bischof leitet seine Diözese nicht vom Schreibtischsessel am Computer des bischöflichen Büros aus, sondern vom Bischofssitz in seiner Kathedrale. Von dort steht er der Liturgie vor, verkündet das Wort und erteilt die Weihen.

KATHOLIKENSUCHE MIT DEM NAVI

Mein Navigationsgerät wäre etwas überfordert, wenn ich ihm folgende Aufgabenstellung eingeben würde: Katholische Pfarrei Fürstenberg im Dekanat Oranienburg in der Erzdiözese Berlin. Was ist eine Pfarrei? Was ist ein Dekanat? Was ist eine Erzdiözese? Hat die etwa etwas mit dem Abbau von Erz im Untertagebetrieb zu tun? Ganz sicher nicht. Also müssen wir nach Vergleichen suchen, um zu sehen, worum es sich handelt. Vergleichen wir die kirchliche Verwaltungsstruktur mit der kommunalen Verwaltungsstruktur, dann kommt ungefähr folgendes heraus:

Die Pfarrei	entspricht	der kommunalen Gemeinde (Dorf oder Stadt).
Das Dekanat	entspricht	dem Kreis.
Die Diözese	entspricht	dem Bundesland.

Katholisch gesehen liegt die Pfarrei Fürstenberg im Dekanat Oranienburg. Das gehört zur Erzdiözese Berlin. Die Erzdiözese Berlin gehört zur Weltkirche.
Kommunal gesehen liegt die Pfarrei Fürstenberg in 16798 Fürstenberg, Kreis Oberhavel im Bundesland Brandenburg. Das Bundesland Brandenburg gehört zur Bundesrepublik Deutschland.

Personal gesehen ergibt sich wieder ein Vergleich mit der Kommunalstruktur:
Zur Pfarrei gehört der Pfarrer wie zum Dorf oder zur Stadt der Bürgermeister.
Zum Dekanat gehört der Dekan wie zum Kreis der Landrat.
Zur Diözese gehört der Bischof wie zum Bundesland der Ministerpräsident.
Zur Weltkirche gehört der Papst.

An dieser Stelle gibt es keine kommunale Vergleichsmöglichkeit mehr. Die katholische Kirche hat an der Stelle der Nationen nichts Vergleichbares zu staatlichen Strukturen. Wir haben keine Nationalkirchen. Es gibt keine Parallele etwa zwischen der Bundeskanzlerin und einem Hauptbischof für die Bundesrepublik. Bei uns geht es gleich von der Diözese zur Weltkirche. Wir haben zwar einen Chef der deutschen Bischofskonferenz, aber keinen deutschen Nationalbischof. In der Welt gibt es zwar ungezählte Regierungschefs, aber keinen Weltregenten. Eine Art von vergleichbarem Papst-Posten in kommunalem, politischem, wirtschaftlichem oder kulturellem Sinne existiert nicht. Da kann man nur dem Himmel danken.

KATHOLIKENTAGE

Mehrtägige Treffen der Katholiken in Deutschland seit 1848. Auf evangelisch heißt das Kirchentag. Wird in verschiedenen Größenordnungen gehalten: Kreiskirchentag, Landeskirchentag.

KATHOLISCH

(griechisch *kat holos* = das Ganze umfassend). Amtliche Bezeichnung der Zugehörigkeit zur Römisch-Katholischen Kirche. Formulierung des Glaubensbekenntnisses: „Ich glaube an die eine heilige katholische und apostolische Kirche." Das Wort *katholisch* wird im Allgemeinen als Gegenüberstellung zu *protestantisch* oder *orthodox* und andere Religionen gebraucht.

KELCH

Das bei der Heiligen Messe benötigte Gefäß für den Wein. Man kann zur Feier großer Geheimnisse keine

Plastikbecher oder Mostrichgläser verwenden. Darum sind Kelche aus edlem Material und schön gestaltet.

KIRCHENGEBÄUDE

Kathedrale
(lateinisch *cathedra* = Lehrstuhl). Die Kirche, in der der Bischofsstuhl eines Diözesanbischofs steht. Die Hauptkirche einer Diözese.

Dom
(lateinisch *domus* = Haus). Kulturhistorische und baugeschichtliche Bezeichnung für große und berühmte Kirchen.

Kirche
(griechisch *kyriake oikia* = Haus des Herrn). Normalbezeichnung für jedes Gebäude, das für den Gottesdienst einer Gemeinde bestimmt ist. Dabei spielen Größe, Baustil, Baumaterial und Alter keine Rolle.

Kapelle
in der kirchlichen Fachsprache *oratorium* (= Gebetsraum), kleiner Kirchenraum, etwa in Krankenhäusern oder Schwesternhäusern.

Sakristei
Raum, in dem die zum Gottesdienst benötigten

Gewänder und Geräte aufbewahrt werden und in dem sich die Zuständigen auf den Gottesdienst vorbereiten. Die manchmal sehr kunstvoll gestaltete Garderobe der Kirche.

KIRCHENJAHR

Die Katholiken, Protestanten, Orthodoxen und andere religiöse Gemeinschaften haben neben dem bürgerlichen Kalender noch einen eigenen. Katholisch und evangelisch fängt das Jahr schon am ersten Advent an.

KIRCHLICHE SPEZIALTRUPPS

Orden

(lateinisch *ordo* = Reihe, Ordnung). Gruppen von Männern (Mönche) oder Frauen (Nonnen). Führen ein Leben in Armut, Keuschheit und Gehorsam auf Dauer, also ohne Rückfahrschein. Leben normalerweise in Klöstern (Klausur) unter einem Abt beziehungsweise einer Äbtissin. Meist in Ordenstracht, aber heute auch zivil. Alle Orden leben in Armut, Ehelosigkeit und Gehorsam, wobei Gehorsam das Schwerste ist. Die Lebenseinstellung ist bei allen Ordensleuten dieselbe. Die Spezialaufgaben sind unterschiedlich, die Kutten sind verschiedenfarbig: braun, weiß, schwarz, je nach dem zu welchem Orden man gehört. Das männliche Einzelexemplar eines Ordens nennt sich *Frater*, also Bruder, oder *Pater*, also Vater. Die Ordensfrauen redet man mit *Schwester* an.

Kongregation
(lateinisch *con grex* = zusammenleben, eine Herde bilden). Sie leben wie Orden, nur in einer etwas anderen Organisationsform: Schwesternhäuser, Niederlassungen (Schwestern – Brüder).

Säkularinstitut
geistliche Nachfolge, bei der die Angehörigen des Instituts nicht in Klöstern oder Schwesternhäusern leben, sondern im normalen Wohn- und Arbeitsbereich, also säkular, mitten drin im normalen Alltag.

Eremiten
(griechisch *ereme* = Wüste). Frauen und Männer, die als Einsiedler in Armut, Ehelosigkeit um des Himmelreiches willen und Gehorsam leben. Heute ist es als eine Art von Protestbewegung gegen die Vermassung des Menschen zu verstehen.

KLAUSUR

Lebens- und Wohnbereich in Klöstern, der für Normalbürger nicht zugänglich ist. Das Wort „Kloster“

beschreibt dasselbe. Eine Klausur ist kein Supermarkt, und ein Kloster ist kein Freizeitvergnügungspark.

KLERUS

(griechisch *kleros* = Los, Anteil); im Neuen Testament: Hirten, denen die Herde anvertraut ist. Zum Klerus gehören alle Bischöfe, Priester und Diakone. Das konnte man früher auch an den Straßenkleidern erkennen, einer Art Dienstuniform mit einem speziellen, sonst nicht üblichen Kragen, der hinten zugemacht wurde.

KOLLEKTE

(lateinisch *colligere* = sammeln). Sammlung von freiwilligen Geldspenden. Es wird immer gesagt, wofür die Kollekte verwendet wird, zum Beispiel für die Kindertagesstätten. Sie verschwindet also nicht in der Hosentasche des Pfarrers.

KOLLEKTENGEBET

Gebet des Priesters in der Heiligen Messe, das alle Gebete der Gläubigen zusammenfasst und abschließt.

KOMMUNION

(lateinisch *communio* = Gemeinschaft). Evangelisch: Abendmahl. Die Gottesdienstteilnehmer empfangen Brot und Wein als Leib und Blut Christi.

KONFESSION

(lateinisch *confessio* = Bekenntnis, Geständnis). Religiös ist man nicht im luftleeren Raum. Konfession ist die bestimmte religiöse Truppe, zu der man gehört, zum Beispiel evangelisch oder katholisch.

KONFIRMATION

(lateinisch *confirmare* = befestigen, stärken). In der evangelischen Kirche feierliche Amtshandlung, bei der die Vierzehn- bis Sechzehnjährigen Vollmitglieder der Gemeinde werden.

KONGREGATION

siehe „Kirchliche Spezialtrupps“, S. 65.

KONKLAVE

(lateinisch *con claudere* = gemeinsam einschließen). Versammlung der Kardinäle zur Papstwahl. Da die längste Papstwahl zwei Jahre dauerte, entschlossen sich die Römer, die Kardinäle einzuschließen und ihnen die Verpflegung zu kürzen, damit sie endlich zu einem Wahlergebnis kommen sollten. Heutzutage geschieht die Papstwahl hinter verschlossenen Türen, um Störungen und fremde Einflüsse fernzuhalten. Handys sind nicht erlaubt.

KONKORDANZEN

Kluge Bücher, die zeigen, welche Worte an welcher Stelle der Bibel vorkommen. Das Wort „Tinte“ ist zum Beispiel im zweiten Johannesbrief in Vers 12 zu finden. Konkordanzen sind für Spezialisten geeignet, für normale Kirchensteuerzahler nicht so sehr nötig. Wir suchen heute lieber mit einer Suchmaschine im Internet.

KONKORDAT

(lateinisch = einträchtig). Vertrag zwischen der Römisch-Katholischen Kirche und einem Staat, für Deutschland also nicht die Katholische Kirche in

Deutschland und die Bundesrepublik, sondern die gesamte Katholische Kirche und die Bundesrepublik. Wichtig, um offene Fragen zu regeln und Spannungen zu vermeiden. Es ist immer besser, man weiß, worum man sich zankt.

KONTEMPLATION

siehe Mystik

KONVERSION

(lateinisch *convertere* = umwenden, umdrehen). Wenn jemand zum Beispiel überzeugt ist, dass er in eine andere Kirche gehört und darum seine Kirche verlässt, ist das eine Konversion. Wer das tut, ist ein Konvertit. Der Weg ist aber nicht leicht.

KONZELEBRATION

(lateinisch *concelebrare* = zusammen feiern). Wenn mehrere Priester zusammen die Heilige Messe feiern. Im Fernsehen gut zu sehen, wenn Messen mit dem Papst übertragen werden. Da sind meist eine Reihe von Priestern mit am Altar.

KONZIL

Manche Fragen des Glaubens und des Lebens der Kirche können nur gelöst werden, wenn alle darüber nachdenken und diskutieren. Das Konzil ist die Vollform der Versammlung aller Bischöfe mit dem Papst. Das letzte Konzil war von 1962 bis 1965 im Vatikan. Schon an der ersten Sitzung nahmen 2 381 Konzilsväter teil. Allein der Beschluss über die Kirche in der Welt von heute zählt 23 335 Worte.

KRANKENSALBUNG

siehe Sakrament

KREUZ

aus dem Lateinischen „das Marterholz". Die Eisenbahn hat in ihrer Signalordnung ein Hauptsignal, von dem alles abhängt und nach dem sich alles richtet. Bis zur Umstellung auf Elektronik hieß das: „Formhauptsignal". Das Formhauptsignal der Christen ist das Kreuz, an dem Christus gestorben ist. Es verbindet oben und unten sowie rechts und links, also Gott und Menschen und die Menschen untereinander. Wenn das Formhauptsignal weggeräumt wird, gibt es das blanke Chaos, weil nichts mehr da ist, an dem man ablesen kann, wo es lang geht und ob es überhaupt irgendwo lang geht.

KREUZWEG

siehe dazu S. 135.

KÜSTER, AUCH MESNER

Heutzutage wegen Finanzmangels nur noch selten hauptamtlich. Sorgt für die Vorbereitung der Gottesdienste und die Ordnung in Kirche und Sakristei. Ist der gute Geist hinter den Kulissen. Die Aufgabe wird heute von ehrenamtlichen Frauen und Männern wahrgenommen.

KYRIE ELEISON

Griechisch. Uralter Ruf am Beginn der Messe: Herr, erbarme dich. Man kann nicht mit hoch erhobener Nase und vor Selbstbewusstsein platzend Gottesdienst feiern.

L WIE LEKTOR

LAIE

(griechisch *laos* = Volk). Im heutigen Sprachgebrauch ist ein Laie das Gegenteil von einem Fachmann. Im Kirchendeutsch sind Laien alle Getauften, die weder die Diakonatsweihe noch Priesterweihe noch die Bischofsweihe haben oder Mönche und Nonnen sind.

LANDESKIRCHE

Territoriale Einteilung der Evangelischen Kirche in Anlehnung an politische Länderstrukturen. Es gibt zum Beispiel eine Evangelische Landeskirche Berlin-Brandenburg-Oberlausitz. Die katholische Kirche hat dieses Prinzip nicht. Sie ist in Diözesen eingeteilt, die auch über Staatsgrenzen hinweggehen können.

LEHRAMT

Die Kirche ist wie ein Garten mit einer Vielfalt von blühendem Leben, aber nicht wie eine überdimensionale Kolchos-Monokultur einer einzigen Pflanze. Da gibt es eine Instanz, die den Schutz für alles Blühen und Wachsen bietet, die aber auch einmal nachschauen muss, wo es Unkraut gibt. Die Schwierigkeit dabei ist nur, herauszufinden, was Unkraut ist und was nicht.

LEKTIONAR

Spezielles Buch mit allen Lesungen aus dem Alten und Neuen Testament, aus dem während des Gottesdienstes vorgelesen wird.
Siehe dazu „Bibel/Lektionar“, S. 126

LEKTOR

Vorleser; Männer und Frauen, die im Gottesdienst aus der Heiligen Schrift vorlesen.

LITANEI

(griechisch *lite* = Bitte, Flehgebet). Ein Vorbeter formuliert Rufe, die Gemeinde antwortet mit immer derselben Antwort. Beispiel: Vorbeter: Heiliger Otto – Gemeinde antwortet: bitte für uns. Vorbeter: Heilige Elisabeth – Gemeinde antwortet: bitte für uns. Klingt wie ein vielstrophiges Lied mit Refrain. Wirkt in ihrem Rhythmus beruhigend. Der Verstand will immer das Neue, das Herz will immer dasselbe.

LITURGIE

(griechisch *leiturgia* = Tätigkeit in einem öffentlichen

Amt). Liturgie ist der Gottesdienst der Kirche, der von der ganzen Gemeinde gefeiert wird, kein Schauspiel, dem man beiwohnt. Sie ist Quelle und Gipfel des Lebens der Kirche. Die Kirche kann gegebenenfalls auf vieles verzichten, zum Beispiel auf Gemeindegrillabende, aber nicht auf die Liturgie. Das wäre so, als wenn die Berliner Philharmonie aufs Spielen verzichten würde.

M WIE MITRA

MÄRTYRER

(griechisch *martys* = Zeuge). Heutzutage taucht man ab, wenn es um das Privatleben geht. Religion ist sowieso Privatsache. Der Zeuge denkt anders. Er steht öffentlich zu seiner christlichen Lebensauffassung, auch wenn das Nachteile bringt. Manche zahlen kräftig für ihr Lebenszeugnis drauf, manche bezahlen es mit ihrem Leben. Das sind dann die Märtyrer.

MESSE

(lateinisch *missa* = Entlassung). Ist nicht die Leipziger Messe, sondern der fundamentale Gottesdienst der Katholischen und der Orthodoxen Kirche. In der Fachsprache Eucharistiefeier genannt. Sie ist die Sammlung allen Glaubens in einem Brennpunkt: Gott schenkt sich uns bedingungslos.

MESSIAS

(hebräisch *meschiah* = der Gesalbte). Bezeichnung für Jesus Christus, der wiederkommen wird, um alles und alle zur Vollendung zu führen.

MINISTRANT

(lateinisch *ministrare* = dienen). Kinder und Jugendliche, zunehmend auch Erwachsene, die bei den Gottesdiensten helfen. Früher durften das nur die Jungen, heute Mädchen und Jungen. Beim Ministrieren trägt man eine besondere Kleidung.

MISSALE

Das Buch, das die Texte enthält, die zur Feier der Messe benötigt werden. Kein Priester komponiert sich nach Stimmung und Laune eine Heilige Messe aus dem Kopf. Das wäre ähnlich, als wenn ein Dirigent ohne Partitur nur nach seinem Gefühl die Neunte Symphonie von Beethoven dirigieren wollte. Es käme alles Mögliche dabei heraus, nur keine Neunte Symphonie.

MISSIO CANONICA

Lateinischer Fachausdruck für die vom Bischof gegebene Erlaubnis, bestimmte Ämter auszuüben und zum Beispiel Religionsunterricht zu erteilen. Also sozusagen eine kirchliche „Fahrerlaubnis“.

MISSION

Aufgabe der Kirche, in allen Ländern und allen Kulturkreisen der Erde von Gott und Jesus Christus zu erzählen. Die Fachleute dazu sind die Missionare.

MITRA

(griechisch *mitra* = Stirnbinde). Gehört zu den katholischen Sonder-Kleidungsstücken. Ist die Kopfbedeckung der Bischöfe, aber nur bei Gottesdiensten.

MÖNCHE

Männer, die in Klöstern zusammen leben und speziell für Gott leben wollen. Gibt es in verschiedenen Religionen.

MONSIGNORE

(italienisch = mein Herr). Päpstlicher Ehrentitel für Priester. An der Dienstkleidung durch eine rote Schärpe zu erkennen.

MONSTRANZ

(lateinisch *monstrare* = zeigen). Kunstvolles Gerät, um die Hostie zu zeigen. Wird vom Priester bei der Fronleichnamsprozession getragen.

MOTU PROPRIO

(lateinisch = aus eigenem Antrieb). Brief des Papstes an alle, sozusagen ein Rundbrief.

MYSTISCHER LEIB

Die Kirche ist mehr als eine Organisation nach Art einer Partei mit Mitgliederverzeichnis, Verwaltungsapparat und Parteibuch. Sie lebt nach Art des menschlichen Körpers: ein Leib mit vielen Gliedern. Jesus Christus ist das Haupt dieses Leibes. Kopf ohne Glieder geht nicht, Glieder ohne Kopf sind nicht möglich.

MYSTIK IST NICHT SPINNEREI

Wir sind alle Realisten. Der Mond ist eben nur der nächtliche Beleuchtungskörper am Himmel und nichts außerordentlich Unerklärliches jenseits unserer Computer. Wo die Welt aufhört, ist die Grenze unseres Denkens. Man sollte da vorsichtig sein. Mystik sprengt diesen Horizont. Sie ist sozusagen das Elektronen-Teleskop über unsere Grenzen hinaus. Mystik ist die Erfahrung unserer Welt, aber unter Einschluss der Existenz Gottes. Es geht also über den Rand unseres Suppentellers. Da können unsere Computer nicht mit. Es gibt dazu eine Vorerfahrung aus dem normalen Leben. Der Kaufhallenchef sieht in Frau Michaela Meyer die tüchtige Fachverkäuferin. Er kennt alle einschlägigen Daten dieser Frau. Der junge Mann, der sie abends von der Schicht abholt, sieht Michaela so wie der Kaufhallenchef. Aber er sieht sie noch ganz anders. Denn er sieht sie mit den Augen der Liebe. Michaela bleibt Fachverkäuferin, aber sie ist darüber hinaus Braut. Wo der Kaufhallenchef nur sieht, erkennt der Liebende. Das ist unbeschreiblich viel mehr. Es ist außerdem ein großes, wunderbares Geschenk.

Kontemplation
(lateinisch *contemplatio* = beschauliche Betrachtung). Es geht um die Schau der innersten Wahrheiten hinter allen Nützlichkeitsfragen.

Meditation
(indogermanisch = messen). Die Dinge vom Kopf ins Herz bringen. Nicht nach dem Preis der Dinge fragen, sondern nach ihrem Wert.

N WIE NONNE

NICÄNUM

Es gibt wichtige Grundsatzerklärungen, damit das Leben der Kirche seinen Gang gehen kann. Eine davon ist das Nicaeno-Konstantinopolitanische Glaubensbekenntnis. Es ist nach der Stadt Nizäa benannt, in der das erste ökumenische Konzil 325 tagte, auf dem das Bekenntnis formuliert worden ist. Auf dem Konzil von Konstantinopel (= Istanbul) um 380 wurde es beschlossen.

NIHIL OBSTAT

(lateinisch = es steht nichts im Wege). Wenn jemand Theologieprofessor wird, kann er das nicht als Privatunternehmen starten. Er benötigt die Zustimmung der Kirche und die Zustimmung der zuständigen staatlichen Stellen, also sozusagen von beiden Seiten den Führerschein.

NONNE

Ursprünglich ein Ehrentitel: verehrte Dame! Dann die Bezeichnung für Frauen, die in einem Kloster leben.

NOVENE

(lateinisch *novem* = neun). Wenn jemand neun Tage lang in einem bestimmten Anliegen betet, ist das eine Novene.

NOVIZIAT

(lateinisch *noviter* = neu). Neulinge, die in ein Kloster gehen wollen, müssen eine Probezeit absolvieren, damit man sehen kann, ob sie Klosterleben durchhalten und ob sie geeignet sind.

NUNTIUS

Diplomatischer Vertreter des Papstes bei einer Regierung. Der Nuntius für Deutschland hat seinen Sitz in Berlin.

O WIE ORTHODOX

ÖKUMENE

(griechisch *oikoumene* = die ganze bewohnte Erde, Erdkreis). Fachbegriff für den Versuch, die sehr unterschiedlichen christlichen Gruppierungen unter einem Dach zusammenzubekommen, wobei es natürlich in jeder Hausgemeinschaft schon mal Krach geben kann.

ORDINATION

(lateinisch *ordinare* = jemanden in ein Amt einsetzen). In der katholischen Kirche nicht gebräuchlich. In den evangelischen Kirchen die Einsetzung von Pastoren zur Predigt und zum Austeilen des Abendmahls. Die Einsetzung ist lebenslänglich. Einmal Pastor, immer Pastor.

ORDEN

Gemeinschaften von Männern oder Frauen, die in Klöstern zusammenleben und ein sehr genaues Glaubens-, Lebens- und Arbeitsprogramm haben. Die Zugehörigkeit zum Ordensverband ist lebenslänglich.

ORGANISTEN

die Damen und Herren, die im Gottesdienst die Orgel spielen, weil Musik zum Gotteslob gehört. Die meisten davon tun es heute ehrenamtlich.

OSTERN

Höchstes Fest der Christen. Wir feiern die Auferstehung Christi von den Toten. Das kann man nicht erklären, sondern nur glauben, denn eine Auferstehung von den Toten kommt in unserem innerbetrieblichen Weltdenken nicht vor. Wenn aber Christus nicht auferstanden ist, wäre am Ende das ganze großartige Welttheater umsonst gewesen.

ORTHODOX

(griechisch *orthos* = richtig; *doxa* = Verehrung, Glaube). Sammelbegriff für die Kirchen, die das Christentum in der von Byzanz geprägten Form leben. Sie unterscheiden sich von der Römisch-Katholischen Kirche weniger im Glauben als in der Gestaltung ihrer sehr feierlichen Gottesdienste. Die uns bekannteste ist die Russisch-Orthodoxe Kirche.

P WIE PROZESSION

PAPST

(griechisch *papa* = Vater). Haupt der Katholischen Kirche. Weisungsberechtigt für alle, die zur Kirche gehören. Nicht Vorsteher der UNO und nicht weisungsberechtigt für die Weltkonferenz der konservenverarbeitenden Gemüsekombinate, auch nicht für die Wahl meines Schlipses oder die Frage, ob ich vegetarisch leben soll. Der Papst ist für uns als Kirche da, um uns in Sachen des Glaubens und der Moral zu stärken. Im Katholischen Katechismus steht: „Der Papst ist das immerwährende und sichtbare Prinzip und Fundament der Einheit der Kirche."

PAROCHIE

Fachwort für Pfarrei, der kleinstmöglichen und grundlegenden territorialen Einheit der Kirche.

PARUSIE

(griechisch *parousia* = Ankunft des Kommenden). Die Wiederkehr Jesu Christi, wenn unserer Weltgeschichte die Puste ausgeht und die neue Geschichte der Welt mit Jesus Christus beginnt.

PASSION

(lateinisch *passio* = Leiden). Das Leiden und Sterben Jesu Christi. Auch nicht religiös Gebundenen musikalisch bekannt zum Beispiel durch J. S. Bachs Johannespassion und Matthäuspassion.

PASTORAL

(lateinisch *pastor* = Hirte; = zum Hirten gehörig). Im Deutschen: Seelsorge. Das ganze Spektrum kirchlicher Arbeit, um die menschliche Gemeinschaft auf Jesus Christus aufmerksam zu machen. Die Basis der Pastoral ist die Pfarrgemeinde, den Pastor könnte man als Abteilungsleiter dieses Arbeitsgebietes bezeichnen.

PATE

Wenn jemand getauft oder gefirmt wird, gehört dazu ein Pate. Der soll den Eltern helfen, das Kind christlich zu erziehen. Ein Pate ist sozusagen der religiöse Kopilot der Eltern.

PATRIARCH

(griechisch *patriarches* = Erster unter den Vätern). Das Oberhaupt von Kirchen des Ostens. Bei den Katholiken kein Dienstgrad, sondern ein sehr hoher Ehrentitel. In der evangelischen Kirche nicht vorhanden.

PERIKOPE

(griechisch *perikoptein* = ringsum behauen). Nicht zu verwechseln mit dem Periskop vom U- Boot. In den verschiedenen Gottesdiensten des Jahreskreises werden verschiedene Teile aus dem Alten und dem Neuen Testament verlesen. Diese heißen Perikopen und sind in dafür eigens verfassten Büchern abgedruckt, den Lektionaren. Schwierig wird es, wenn der Küster das falsche Lektionar auf den Ambo gelegt hat.

PFINGSTEN

(griechisch *pentekoste* = der fünfzigste Tag). Mit Weihnachten und Ostern kann auch der nicht religiöse Mensch noch irgendetwas anfangen: Weihnachtsmann und Osterhase. Bei Pfingsten sind die meisten ratlos, was denn da eigentlich zu feiern sei. Es geht darum, dass fünfzig Tage nach der Auferstehung Jesu Christi die Jünger mit dem Heiligen Geist „begeistert" wurden. Die Kirche darf also nicht in Langeweile und ins Blasen von Trübsal verfallen. Sie ist eine geistgefüllte, also begeisterte Kirche.

PIETÀ

(lateinisch = Frömmigkeit). Darstellung Mariens, wie sie ihren toten Sohn nach der Kreuzabnahme auf ihrem Schoß hält.

PILGERN

Eine mit der Neuentdeckung des Jakobspilgerweges – „Ich bin dann mal weg" – wieder ins Bewusstsein gekommene Wanderung zu Orten des Heils und der Gottesbegegnung. Kein Spaziergang, sondern innerlich und äußerlich sehr anfordernd.

PLACET

(lateinisch = es gefällt). Aktennotiz weltlicher Behörden auf kirchliche Erlasse: dieses kirchliche Dokument ist mit dem Staatsrecht vereinbar. Heute nicht mehr im Gebrauch, obwohl es immer wieder Spannungen zwischen kirchlichen und staatlichen Gesetzen geben kann.

PONTIFIKAT

(lateinisch *pontifex* = Brückenbauer). Der Papst wird auch Pontifex Maximus genannt. Ein Pontifikat ist die Regierungsdauer eines Papstes.

PNEUMA

(griechisch = Hauch). Bezeichnung für den Heiligen Geist.

PRÄSES

(lateinisch = vor etwas sitzend). Wenn ein Priester die Leitung einer katholischen Gruppierung übernimmt, kann er *Präses* genannt werden.

PRESBYTER

(griechisch *presbyteros* = der Ältere). Von diesem Wort leitet sich die heutige Bezeichnung „Priester“ ab. Ein Priester ist derjenige, der von einem Bischof geweiht wird, um zu predigen, die Heilige Messe zu feiern und die Gemeinde zu sammeln. In der katholischen Kirche gibt es keine Priesterinnen.

PRESBYTERIUM

Alle Priester, die in einer bestimmten Diözese zu einem bestimmten Bischof gehören. Architektonisch bezeichnet der Begriff Presbyterium auch den Teil eines Kirchbaus, in dem der Altar steht.

PROFAN

(lateinisch *profanus* = ungeheiligt, vom heiligen Bezirk fernliegend). Es gibt profanierte Kirchen, also Kirchengebäude, die nicht mehr für den Gottesdienst da sind, sondern zum Beispiel als Musikhalle dienen, also einem weltlichen Zweck.

PROPHET

(griechisch = im Auftrage Gottes vorherverkünden). Im Alten Testament sehr einflussreich. Heute eine eher seltene Sonderbegabung in der Kirche. Prophetinnen und Propheten sind keine Wahrsager. Sie deuten die heutige Situation vom Tag von Gott her oder auf Gott hin.

PROPST

Gehobene Dienststellung kirchlicher Amtsträger. In der evangelischen Kirche auch Pröpstinnen.

PROTESTANTISMUS

Die heutige Evangelische Kirche leitet den Begriff nicht von (gegen die Katholiken) „protestieren" ab, sondern von *pro-testari* = für das Evangelium Zeugnis geben. Allgemeine Bezeichnung für den Teil der Christenheit, der aus der Reformation hervorgegangen ist.

PROZESSION

(lateinisch *processio* = das Vorwärtsschreiten). Mindestens aus dem Fernsehen bekannt sind die katholischen Fronleichnamsprozessionen. Ein wenig verwandt mit Demonstrationen. Wir wollen vor der Öffentlichkeit demonstrieren, was wir glauben und lieben.

R WIE RITUS

RECHTFERTIGUNG

Im Wort Rechtfertigung steckt das Wort „richtig“. Wie können wir Menschen richtig Menschen sein, nämlich vor Gott und füreinander, obwohl wir so viel „Unrichtiges“ machen und so viel Unheil anrichten? Wer kann uns richtig machen, ohne uns dabei die menschliche Freiheit zu nehmen? Wir können es nicht, nur Gott.

REFORMATION

(lateinisch *reformatio* = Verbesserung). In Deutschland feiert man den 31. Oktober als Reformationstag. Er ist die Erinnerung daran, dass Martin Luther im Jahre 1517 seine 95 Thesen veröffentlicht hat. Das war der Beginn der Trennung zwischen evangelisch und katholisch. Ob Spaltungen auch Verbesserungen sind, muss wohl bezweifelt werden.

RELIGION

(lateinisch *religere* = zurückbinden). Religion misst sich nicht daran, wie hoch der Verbrauch von Weihwasser ist und wie viele Kerzen man pro Tag verbrennt. Religion ist der Mut, sich von Gott festhalten zu lassen und sich an Gott festzuhalten. Das geht aber nicht im Alleingang, sondern in der Gemeinschaft religiös Gleichgesinnter.

REQUIEM

(lateinisch = Ruhe). Bezeichnung des Gottesdienstes für Verstorbene. Wir können erstaunlicherweise noch über den Tod hinaus etwas für einen Verstorbenen tun, nämlich beten, dass sein Leben gut ins neue Leben hinübergekommen ist.

RITUS

(indogermanisch = angemessen, recht). Man kann im Leben nicht jede Handlung neu erfinden. Es gibt auch im Alltag feststehende Riten, zum Beispiel den Morgenkuss zwischen Eheleuten, bevor sie aus dem Haus gehen. Riten verleihen Sicherheit und Ruhe. Ich weiß, was dran ist. Der Priester muss nicht immer alles von null auf neu erfinden, die Gemeinde muss nicht immer von null auf alles neu lernen. Wenn das so wäre, würde man verrückt. Die Kirche hat viele Riten. Getauft wird immer nach demselben Ritus, beerdigt auch. Das Leben dazwischen ist kirchlich mit Riten geordnet.

ROSENKRANZ

Hängt in Bayern oft im Auto am Rückspiegel. Entbindet aber nicht von verantwortlichem Fahrstil. Ist ein Hilfsgerät zum Beten, aber kein Gebetsautomat. Man kann mit Hilfe dieser Perlenschnur Zeit und Umfang des Gebetes messen. Die Verwendung einer Perlenschnur als Hilfsmittel für das Beten gibt es auch in anderen großen Religionen.

ROTA

Kirchliches, international besetztes Gericht mit vom Papst ernannten Richtern. Befasst sich ausschließlich mit Rechtsfragen innerhalb der katholischen Kirche.

S WIE SYNODE

SABBAT

(hebräisch *schabbat* = aufhören, zu Ende kommen). Im Judentum der siebente Tag der Woche, der Tag der absoluten Ruhe. Bei strengen Juden ist an diesem Tag sogar das Lich einschalten und das Autofahren nicht erlaubt. Die Christen feiern nicht den Sabbat, sondern den Sonntag als den Tag der Auferstehung. Die Siebenten Tags-Adventisten zum Beispiel feiern aber den Sonnabend-Sabbat.

SAKRAL

Siehe heilig.

SAKRAMENT

Hört sich an wie „Medikament". Kommt aus dem Lateinischen: „heilig". Ein Sakrament ist etwas, wodurch der Mensch heilig wird. Man kann auch sagen: wodurch er heil wird. Sakramente haben es mit den großen Krisensituationen des Menschseins zu tun. Die Sakramente sind das Krisenmanagement Gottes für jeden von uns persönlich an jedem Brennpunkt unseres Lebens:

Zur Geburt
gehört die Taufe.
Zur geschlechtlichen Reife
gehört die Firmung.
Zum Hunger nach dem Sinn des Lebens
gehört die Eucharistie, das Abendmahl.
Zu Schuld und Versagen
gehört die Buße, die Beichte.
Zu Krankheit und Sterben
gehört die Krankensalbung.
Zur Lebenswahl im Gottesdienst
gehört die Priesterweihe.
Zur Partner-Lebenswahl
gehört das Ehesakrament.

SAKRISTEI

Besonderer Raum an Kirchen und Kapellen, in denen die Geräte und Gewänder für die Gottesdienste aufbewahrt und die Gottesdienste vorbereitet werden. Eine Sakristei ist ein frommer Umkleideraum. Evangelische Sakristeien sind im Allgemeinen viel kleiner als katholische und orthodoxe, weil die evangelische Liturgie zum Beispiel nur ein Gewand benötigt.
Siehe dazu „Kirchengebäude, Sakristei“, S. 63.

SÄKULARISATION

Von lateinisch „weltlich“. Beschlagnahme und Enteignung kirchlichen Eigentums durch staatliche Behörden.

SCHOLASTIK

(lateinisch = Schule). Ein Denksystem, das sich unter dem höchstmöglichen Einsatz des Denkvermögens mit den Fragen des Glaubens auseinandersetzt. Das ist richtig so, denn der Glaube ist keine Spinnerei ins Rosarote.

SEKTE

(englisch = Religionsgemeinschaft). Sekten sind religiöse Sondergemeinschaften mit meist starkem innerem Zusammenhalt.

SELIGKEIT

(mittelhochdeutsch = gut, glücklich). Wenn es einem Menschen einmal so ganz gut geht, ist er selig. Leider hält dieser Zustand nur bis zum nächsten Kater an. Der Glaube sagt, dass es eine unverlierbare Seligkeit gibt, wenn wir bei Gott angekommen sind.

SPIRITUALITÄT

Kommt nicht von Spirituosen, sondern von einem aus dem Lateinischen genommenen Kunstwort. *Spiritus* heißt *Lebenshauch, hochstrebender Sinn, Hauch der Begeisterung*. Mit Pessimismus und hängenden Ohrläppchen hat das nichts zu tun. Früher redete man noch nicht von Spiritualität, sondern von Frömmigkeit. Bei Luther hat das Wort *fromm* noch die Bedeutung *tapfer*. Spiritualität ist also ein tapferes Leben mit Gott im ganz alltäglichen Alltag und keine Flucht in eine nebulöse rosarote Religiosität. Spiritualität ist: mit beiden Beinen auf der Erde stehen und den Kopf in den Himmel heben.

SÜNDE

Macht uns kaputt, macht unsere Beziehung zum Mitmenschen kaputt, zerstört unser Verhältnis zu Gott. Eine Lüge kann eine Ehe zerstören. Geiz ist kein Kavaliersdelikt. Völkermord ist keine politische Panne. Hier geht es um Dinge, die man nicht mit dem Allzweck-Reinigungsmittel Blitzblank-Saubermann so einfach wegwischen kann. Unser Gewissen sagt uns das. Aber wir hören nicht hin.

SYNODE

(griechisch *synodein* = zusammen auf dem Weg sein). Wenn Vertreter verschiedener Kirchen und Religionsgruppen zusammenkommen, um über Gott nachzudenken und gemeinsam Lob zu singen, wo sie sich sonst eher reserviert begegnen oder sogar aus dem Weg gehen. In der katholischen Kirche die vom Papst einberufene Zusammenkunft aller Bischöfe.

SYNOPTIKER

(griechisch *synorao = zusammenschauen*). Im Neuen Testament finden sich vier Männer, die die Anfänge um Jesus in den „Evangelien" beschrieben haben. Drei davon taten das unter ungefähr demselben Blickwinkel, das sind die Synoptiker Matthäus, Markus und Lukas.

T WIE TALAR

TABERNAKEL

(lateinisch *tabernaculum* = Zelt). Ist in katholischen Kirchen leicht zu orten. Ein rotes Licht brennt vor einem meist kunstvoll gestalteten Schrank. In ihm werden die Hostien aufbewahrt, mit denen der Priester zur Hauskommunion der Kranken und Alten geht. Der Katholische Katechismus nennt diese von der Messe her im Tabernakel aufbewahrten Hostien „die heilige Reserve".

TALAR

Gehört noch in südlichen Ländern zu Straßenkleidern der Priester. Ist ein knöchellanges schwarzes Kleidungsstück, über das die liturgischen Gewänder getragen werden. In der evangelischen Kirche ist der Talar das liturgische Gewand zu Gottesdiensten.

TAUFBECKEN

Gehört zur liturgischen Inneneinrichtung von Kirchen. Muss wasserfest sein, da die Taufe durch Übergießen mit Wasser gespendet wird.

TE DEUM

(lateinisch = dich, Gott, loben wir). Seit Anfang des sechsten Jahrhunderts einer der großen Gotteslob-Gesänge der Kirche. Hat sich als Kirchenlied in allen Konfessionen durchgesetzt.

THEOLOGIE

(griechisch = Rede von Gott). Das wissenschaftliche Nachdenken über Gott. In der katholischen Kirche muss jeder Priester Theologie studiert haben, was viel Schweiß kostet.

TRANSZENDENZ

(lateinisch *transcendere* = übersteigen). Wir leben alle in einem bestimmten Horizont. Diesen Horizont auch nur in der Neugierde, in Gedanken oder in der Sehnsucht zu übersteigen, ist ein mühsames Unternehmen. Es ist die Frage: Was ist hinter dem Vorhang? Wenn nichts dahinter ist, bildet unser Tod den absoluten Schlusspunkt. Wenn Neues und Ungeahntes dahinter ist, kann uns nur Gott über die Transzendenzlinie holen.

TRINITÄT

(lateinisch *tres* = drei). Die Kirche glaubt an den einen Gott in drei Personen: Vater, Sohn und Heiliger Geist. Aller guten Dinge sind drei. Gott ist nicht einfältig, sondern dreifaltig. Das ist eine harte Nuss für unseren schwachen Verstand.

Siehe dazu „Dreifaltigkeit“, S. 138.

U WIE URBI ET ORBI

UNFEHLBARKEIT

Ein Begriff, der zu vielen Missverständnissen Anlass gibt. Wichtig: der Papst ist nicht im Ganzen unfehlbar. Wenn er einen Rotwein für gut hält, ist das seine Privatmeinung. Der Papst muss die Gläubigen im Glauben stärken. Er kann also im Bereich von Glauben und Sitte etwas als verpflichtend verkünden, aber eben nur in diesem Bereich. Der Papst nimmt die Unfehlbarkeit nur in Anspruch, wenn er das ausdrücklich für diesen Fall laut und deutlich verkündet. Das war zum letzten Mal am 1.11.1950, als Papst Pius XII. die leibliche Aufnahme Mariens in den Himmel als Dogma verkündete. Also keine Angst. Wir werden nicht über die Unfehlbarkeit des Papstes ferngesteuert.

UNIERTE KIRCHEN

Kirchen, die einen anderen Ritus und eine andere Organisationsform haben als die römisch-katholische, die aber eine Union mit der römisch-katholischen Kirche eingegangen sind.

UNVERZICHTBARE HAUPTWÖRTER

Es gibt in der katholischen Kirche Worte, auf die man notfalls verzichten könnte, zum Beispiel das

Wort Kirchensteuer oder das Wort Pfarrbürozentralheizungskörperventil. Es gibt aber Worte, die unverzichtbar und unersetzlich sind. Ohne sie wären wir nicht Kirche:

Gott

sehr schwer oder eigentlich gar nicht zu übersetzen. Kommt vielleicht aus dem Gotischen: das angerufene Wesen. Das Wort *Gott* sitzt in jedem Menschen drin. Jeder ahnt, was das Wort bedeutet, auch wenn er selbst nicht glaubt. Das Wort *Gott* bezeichnet in allen Religionen und Kulturen das höchste Wesen, das uns gegenübersteht und von dem wir geschaffen sind.

Jesus Christus

Jesus kommt aus dem Hebräischen, bedeutet: *Gott rettet*. Ist der Rufname von Jesus Christus. *Christus* kommt aus dem Griechischen. Heißt: *der Gesalbte*. Ist die Berufsbezeichnung von Jesus Christus. Früher wurden Könige gesalbt, um ein Volk zu leiten, zu behüten und notfalls vor dem Untergang zu retten. Jesus Christus ist der Gesalbte, um alle ohne Ausnahme zu retten.

Mensch

Das einzige Wesen, das „Ich“ sagen kann, weil Gott „Du“ zu ihm sagt.

Dreifaltigkeit – Trinität

Aller guten Dinge sind drei. Gott wendet sich uns in

dreifacher Weise zu: als Vater, der den Kosmos erfunden und erschaffen hat; als Sohn, der unsere durcheinander gekommene Menschheitsgeschichte wieder in die Melodie der Liebe bringt; als Heiliger Geist, der unseren Pessimismus in Begeisterung verwandelt.

Kirche
im Lateinischen und Griechischen *Ekklesia* = die Versammlung. Das Wort bezeichnet katholischerseits quer durch alle Völker, Kulturen und Nationen die Gemeinschaft aller Getauften vom jüngsten Baby bis zu dem, der gerade seinen letzten Schnaufer tut. Das Wort *Kirche* bezeichnet außerdem noch das Gebäude, in dem sich die Getauften zum Beten versammeln. Man muss die Kirche im Dorf lassen. Es wäre sehr gefährlich für Staat und Gesellschaft, die Kirche zur Privatsache oder für überflüssig zu erklären.

URBI ET ORBI

Aus den Fernsehsendungen zu Weihnachten und Ostern bekannt. Der Papst spendet den Segen der Stadt Rom, das ist *urbi*. Er spendet den Segen zugleich der ganzen Welt, das ist *orbi*. Das tut er von der Loggia des Petersdoms aus, und ein beträchtlicher Teil der Welt guckt per Fernsehen zu, soweit man nicht persönlich auf dem Petersplatz dabei ist.

URCHRISTENTUM

Bezeichnet die Anfänge des Christentums so ungefähr um die Lebenszeit der Apostel herum und noch einige Zeit danach. Es ist nicht leicht, da eine zeitliche Grenze zu ziehen. Es ist aber völlig unsinnig, in der heutigen Zeit und Welt wieder wie eine Art Urchristengemeinde leben zu wollen. Die Apostel hatten ja zum Beispiel keine Computer.

V WIE VATIKAN

VATERUNSER

Das Gebet, das es uns erstaunlicher Weise möglich macht, mit dem unfassbaren Gott wie mit einem Familienangehörigen zu reden. Gehört zur Grundausstattung. Stammt von Jesus selbst. Ist sehr handfest, weil in dieser „Kurzformel" alles drin ist.

VATIKAN

Sitz des Papstes und der römischen Kirchenbehörden in Rom. Gibt als Vatikanstaat eigene Briefmarken heraus und hat eine Mini-Armee in völlig unkriegerischen Uniformen. Ist der Ort wichtigster kirchlicher Entscheidungen. Man muss als Katholik einmal auf dem Petersplatz gestanden haben. Allen anderen ist das auch sehr zu empfehlen.

VATIKANUM

Der Name zweier wichtiger Kirchenversammlungen – Fachausdruck: ökumenische Konzilien – in Rom, eine von 1869 bis 1870, die zweite von 1962 bis 1965. Das Zweite Vatikanische Konzil hatte vier Zielvorstellungen: die theologische Darstellung dessen, was Kirche ist, die innere Erneuerung der Kirche, die Förderung der Einheit der Christen und der Dialog mit der modernen Welt. Dieses Mammutprogramm kann eigentlich nie abgeschlossen werden, zumal sich zum Beispiel die „moderne Welt“ dauernd ändert und nicht bewegungslos im Sessel sitzen bleibt, damit die Kirche ungestört mit ihr reden könne.

VERANTWORTUNGSTRÄGER IN DER KIRCHLICHEN STRUKTUR

Kaplan

(lateinisch *capellanus* = der die Kapelle betreut). Ist dem Pfarrer unterstellt. Hat nur Seelsorgevollmachten, ist sozusagen der Pfarrerlehrling.

Pfarrer oder Pastor

(lateinisch *parochus* = der den Fremden das Lebensnotwendige zu reichen hat; lateinisch *pastor* = der Hirt). Leitet im Auftrag des Bischofs, eine Pfarrei. Hat in seiner Pfarrei alle Seelsorge- und Verwaltungsvollmachten.

Dekan

(lateinisch *decem* = zehn). (evangelische Superintendent) Vorsteher eines Dekanats, hat Dienstaufsichtspflicht über die Pfarreien eines Dekanats. Soll die Zusammenarbeit im seelsorglichen Bereich fördern.

Bischof

(griechisch *episkopos* = Leiter, Beschützer, Bewahrer. Vorsteher einer Diözese). Hat dort alle Seelsorge- und

Verwaltungsvollmachten. Dient der Kirche als Lehrer, Priester und Hirte. Hat als Bischof im bischöflichen Gesamtkollegium Mitverantwortung für die gesamte Kirche.

Papst

(griechisch *papa* = Vater). Haupt der katholischen Kirche, also Chef über alle Katholiken. Vom Weihegrad her Bischof. Es gibt keine Papstweihe.

Wir reden hier nur von den „beruflichen“ Trägern der Verantwortung in der kirchlichen Struktur. Verantwortung für die Kirche haben natürlich alle Getauften. Die Fähigkeit, Verantwortung zu übernehmen, wird durch das Sakrament der Firmung bekräftigt und bestätigt.

VERHEIßUNG

Wenn mir jemand etwas verspricht, bin ich skeptisch, ob er diese „Verheißung“ auch erfüllt. Mit nicht gehaltenen Versprechungen in der Politik zum Beispiel könnte man die gesamte Mondoberfläche pflastern. Die Verheißungen in der Bibel sind die Auskunft darüber, dass Gott uns sein Heil schenkt. Die Garantie dafür hat Jesus Christus mit seinem Tod und seiner Auferstehung gegeben.

VERKÜNDIGUNG

Alles, was das Weitersagen davon betrifft, wie Gott für uns da ist und mit uns ist. Grundsätzlich Aufgabe jedes Getauften. Aber es gibt ein paar Spezialisten mit Sonderauftrag: Bischöfe, Priester, Religionslehrer und Lehrerinnen und ähnlich gelagerte Leute in der Kirche. Die Verkündiger müssen eine Sprache sprechen, die von den Hörern auch verstanden werden kann. Kirchenchinesisch hilft keinem.

VIKAR

Siehe Kaplan.

VISION

(lateinisch *videre* = sehen). Wo das Vorstellbare zu Ende ist, kann einem Menschen das Unvorstellbare begegnen. Er „sieht", was andere nicht sehen. Er „hört", was andere nicht hören. Hier ist nicht LSD oder Ähnliches gemeint, sondern es gelangt ein Lichtstrahl von ganz wo anders in unsere von Aktenstaub und Kontenauszügen geprägte Welt oder ein Wort von ganz woanders in unsere lärmverstopften Ohren.

VOLKSKIRCHE

Wenn in einem Land die Bevölkerungszahl etwa mit der Zahl der Kirchensteuerzahler übereinstimmt. In Polen sind 94 % der Einwohner katholisch. Volkskirche scheint aber ein auslaufendes Modell zu sein.

W WIE WEIHWASSER

WALLFAHRT

In vielen Religionen geübte Praxis, einmal aus dem eigenen Stallgeruch in die Weite zu gehen, um sich an einem religiös geprägten Ort äußerlich und innerlich neu zu erleben. Eine der zurzeit bekanntesten Wallfahrten ist der Jakobsweg nach Santiago de Compostela; Wallfahrer schwitzen genauso wie Touristen, aber sie beten dabei für sich und die Welt.

WANDLUNG

Der Augenblick der katholischen Heiligen Messe, in dem der Priester die Wandlungsworte über Brot und Wein spricht, dieselben Worte, die Jesus im Abendmahlssaal gesprochen hat. Die Wandlung ist kein Überfall auf die Natur. Sie ist eigentlich die nicht zu erwartende umwerfende Vollendung der Natur.

WEIHBISCHOF

Hat alle Seelsorgevollmachten wie ein Bischof, aber keine Geschäftsvollmachten. Ist immer nur denkbar als Mitarbeiter eines Diözesanbischofs. Ein Bischof kann mehrere Weihbischöfe haben, aber ein Weihbischof nicht mehrere Bischöfe.

WEIHE

Durch eine Weihe wird zum Beispiel ein Mensch besonders in den Dienst Gottes gestellt: Priesterweihe. Oder ein Gegenstand wird aus dem normalen Bereich herausgenommen und etwa in den liturgischen Dienst gestellt: z. B. der Kelch für die Heilige Messe. Der Begriff *Weihe* ist heutzutage schwer abzugrenzen, da ja auch Feuerwehrautos, Kriegervereinsfahnen und viele Dinge aus dem esoterischen Bereich „geweiht" werden bis hin zur „Einweihung" einer städtischen Sanitäranlage durch den Oberbürgermeister. Im Raum der Kirche hat eine Weihe immer mit Gott zu tun.

WEIHRAUCH UND WEIHRAUCHFASS

Der Mensch ist mit allen Sinnen religiös, also auch mit der Nase. Die Kirche verwendet in ihren Gottesdiensten Weihrauch. Inzwischen ist der Weihrauch durch die Sternsinger wieder sehr bekannt geworden.

WEIHWASSER

Wasser ist ein Ursymbol. Ohne Wasser kein Leben. Darum spielt es in der Liturgie eine große Rolle vom Taufwasser bis zum Weihwasser zu Hause.

Z WIE ZELEBRATION

ZELEBRATION

(lateinisch *celebrare* = festlich begehen). Die Heilige Messe wird nicht veranstaltet, sondern in einer feierlichen Liturgie gestaltet. Sie wird zelebriert. Der Vorsteher dieser Liturgie ist der Zelebrant.

ZEREMONIAR

(lateinisch = religiöse Handlung). Der Zeremoniar leitet große Liturgien, damit sie ruhig und geordnet vonstattengehen können. Eine Aufgabe, die viel Gelassenheit, Übersicht, Nervenkraft und Führungsqualität verlangt, wie das jeder erkennt, der sich im Fernsehen einmal eine der Liturgien in Rom angeschaut hat.

ZÖLIBAT

(lateinisch *coelebs* = alleinlebend). Ehelosigkeit der katholischen Priester, katholischer und orthodoxer Mönche, katholischer Frauen und Männer der Orden, orthodoxer Bischöfe, evangelischer Kommunitäten. Zurzeit leben in den christlichen Kirchen etwa eine halbe Million Menschen in der *Ehelosigkeit um des Himmelreiches willen*, wie die Fachbezeichnung lautet. Auch außerchristliche Religionen kennen den Zölibat.

EIN AUFGESCHLAGENES, DICKES BUCH

Die Bibel oder das Lektionar

„Was mich an der Bibel stört,
sind nicht die Teile, die ich nicht verstehe,
sondern diejenigen, die ich kapiere."
Mark Twain

In vielen Kirchen liegt ein dickes Buch, meist schön eingebunden. Bei den Protestanten finden wir es auf dem Altar, bei den Katholiken auf dem Ambo, dem Lesepult. Ein Buch besteht aus einem Pappdeckel vorne und einem Pappdeckel hinten. Dazwischen findet sich eine Ansammlung von Buchstaben, die nach bestimmten Gesichtspunkten sortiert sind. Die Sache hat einen unschätzbaren Vorteil. Im Fernsehen sind die Bilder zwar da, aber dann gleich wieder weg. Ein Buch kann ich in die Hand nehmen, drin lesen und es für die nächsten vierzehneinhalb Jahre hinter den Töpfen im Küchenschrank vergessen. Nach vierzehn Jahren und sechs Monaten hole ich es heraus und finde den Satz wieder, der mich vor vierzehndreiviertel Jahren so interessiert hat. Er steht nach wie vor auf der Seite hundertfünfundachtzig dieses Buches und lautet: „Wenn das Wort uns ergreift, nimmt es uns heim in die Stille, aus der es kam." Die Buchstaben des Buches halten fest, was ein Benediktiner im Jahre

1983 gedacht, gesagt und aufgeschrieben hat. Was ich schwarz auf weiß besitze, kann ich getrost nach Hause tragen und nachlesen, wann immer ich Lust dazu habe. Ich blase den Staub vom Buchrücken, lese das Wort, und alles ist wieder ganz lebendig und ganz gegenwärtig. Man versuche das mal mit irgendeiner blubbernden und geschwätzigen Fernsehsendung. Ein kluger Mann sagt von den Buchstaben, sie seien schwarzes Feuer auf weißem Grund. Wörter verwehen im Wind und verhallen im lärmenden Tagesgewühle. Das aufgeschriebene Wort bleibt. Pilatus bringt das den Juden unmissverständlich bei: „Was ich geschrieben habe, das habe ich geschrieben." Ich meinerseits wüsste vom Leben meiner Mutter wenig, wenn ich nicht die handgeschriebenen Tagebücher meiner Mutter nachlesen könnte. Ich wüsste nicht, wie meine Oma rheinischen Sauerbraten mit Rosinensoße gemacht hat, wären da nicht die von Oma-Hand geschriebenen Kochbücher. Nun stehen hier vor meiner Nase hinter meinem Arbeitsplatz sechzehn Bücher, die in ganz spezieller Weise schwarzes Feuer auf weißem Grund bewahren. Es sind meine verschiedenen Ausgaben der Heiligen Schrift, von der hebräischen Bibel über die Vulgata und die Luther-Übersetzung bis zur Einheitsausgabe. Das Wort Gottes in den Buchstaben menschlicher Sprache ist ein nicht zu fassendes Wunder. Dieses Bibel-Wunder hat seinen gesonderten Platz. Es steht nicht neben dem Handbuch für Steuererklärungen, dem Krimi von Edgar

Wallace, dem Versandhauskatalog der Firma Ottokar und Co. und dem Berliner Witzbuch. Die Buchstaben der Bibel sind göttliches Feuer aus dem Jenseits auf das Feuer unseres Glaubens im Diesseits. Dieses Buch hat seinen besonderen Platz in der Kirche und wird zu hohen Festen feierlich in einer Prozession hereingetragen. Ich nehme das Buch und lese mit Staunen.

BLÄTTERN IM FOTOALBUM

Die Heiligen in der Kirche

„Das Gegenteil der Heiligen
sind nicht die Sünder,
sondern die Scheinheiligen."
Glenn Close

Evangelische Kirchen sind in ihrer Innenausstattung eher schlicht. Katholische Kirchen präsentieren sich mit Heiligenfiguren und Bildern. Manchmal ist die Fülle der Statuen so gewaltig, dass man schon fast vom Hingucken Kopfschmerzen bekommt. Das ist besonders in Barockkirchen so. Da muss man oft Fachliteratur zu Hilfe nehmen, um herauszubekommen, wer oder was das alles darstellt. Was soll eine Frau mit einem zerbrochenen Rad in der Kirche, wer ist die Figur, die ihren eigenen Kopf in der Hand hält? Warum hält diese Figur hier eine riesige Zahnarztzange mit einem Zahn drin? Die Darstellung der Heiligen in unseren Kirchen sind das Fotoalbum der Kirche. Wenn wir in den alten Alben unserer Familie blättern, kommt uns Onkel Emil aus den siebziger Jahren noch sehr bekannt vor. Auch die Großnichte Michaela ist sofort zu erkennen. Aber wer um Himmels willen ist die junge Dame mit den Zöpfen, die da im Dirndlkleid sitzt mit einer Zeitung von 1907 in der Hand? Und jener alte Herr in der Drechslerwerkstatt, gehörte der auch in meine Familie? Da muss man sich Auskünfte einholen und sich kundig machen. Aber dann entdeckt der Betrachter der alten Fotos ganz interessante Geschichten aus der Familientradition. Da ist manches an Tragik zu erfahren und manches an Tapferkeit, manches Lustige und manches Spannende. In der Kirche ist das auch so. Wir sind eine Gemeinschaft, die nicht nur steril von der Tüchtigkeit der Katholiken des Jahres 2006 lebt. Wir haben eine über zweitausendjährige Vergangenheit, die nicht nur aus Akten besteht, sondern aus Menschen mit Fleisch und Blut, Traurigkeit und Hoffnung, Verzagtheit und Glauben. Dazu gehören auch der Verrat und das Glaubenszeugnis des Martyriums. Und so sind auf den Bildern in der Kirche Judas der Verräter mit dem Geldbeutel des Judaslohns in der Hand und der Bischof und Märtyrer Dionysius mit dem abgeschlagenen Kopf in der Hand zu sehen. Die Frau mit der Zahnarztzange und dem Backenzahn zum Beispiel ist die heilige Apollonia, der man im Martyrium alle Zähne ausschlug. Sie wird als Helferin bei Zahnschmerzen angerufen. Da haben wir etwas Schönes: Unsere Vorfahren wirken auf vielerlei Weise in unserem jetzigen Leben weiter: in unseren Begabungen, in unserem Temperament. Ich bin nicht zu denken ohne das Lächeln meiner Großmutter und die roten Haare meiner keltischen Vorfahren. Die Heiligen tun das auch. Sie wirken durch ihr Leben und durch ihre Fürbitte in die heutige Kirche hinein. Es ist schön, im Fotoalbum der Kirche zu blättern, zu staunen und nachdenklich zu werden. Eine Kirche ohne diese unsere Vorfahren im Glauben ist kühl wie ein Festsaal im Stil eines Zahnarztlaboratoriums. Wir kommen ja auch einmal ins Fotoalbum der Kirche. Vielleicht sagt dann einer der Betrachter aus späteren Zeiten: Gut, dass die in der Kirche gelebt haben. An denen hat Gott seine Kraft und Schönheit gezeigt.

EIN HOCHSTAND IN DER KIRCHE

Die Kanzel und der Ambo

„Die Kanzel ist eine hochgelegene Kiste,
in die der Pfarrer klettert, da er fürchtet,
dass die Leute andernfalls seine gehobene Position
nicht zur Kenntnis nehmen."

Ambrose Bierce

Meine Kindheit spielte sich zum großen Teil in Wäldern ab. Zu den Wäldern gehörte Wild, zu dem Wild gehörten Jäger und zu den Jägern gehörten die Hochstände. Das sind Gebilde aus Stangen und Leitern, auf die der Jäger klettert, um das Wild zu schießen. Mir kamen in der Kindheit die Kanzeln in der Kirche ähnlich vor. Der Pfarrer muss eine Treppe hinauf. Aber es nicht Aufgabe des Predigers, die Leute unten abzuschießen. Der Priester hat eine andere Beauftragung. Er muss und darf der Gemeinde die Schönheit Gottes im Wort Gottes darlegen. Man nennt das Predigen. Und damit die Gemeinde in den großen Kirchen und Domen den Prediger sowohl sehen als auch hören konnte, musste der eben hoch hinauf in den Hochstand der Kanzel. Heute haben viele Kirchen diese Kanzeln oben an den Säulen oder den Kirchwänden nicht mehr. Aber es gibt noch sehr schöne Kanzeln in Domen und alten Kirchen zu bewundern.

Man bestaune nur einmal die Tulpenkanzel im Dom zu Freiberg. Anstelle der Kanzeln sind in unseren Gotteshäusern jetzt oft schön gestaltete Lesepulte getreten. Sie nennen sich Ambo. Sie dienen genau wie die Kanzeln zu zwei Aufgaben. Erstens wird das Wort Gottes aus der Bibel vom Ambo vorgelesen. Zweitens wird in der Predigt der Gottesdienstgemeinde vom Priester, Diakon oder Bischof das Wort Gottes erläutert und nahegebracht. Die Kanzel oder der Ambo sind also wesentliche Orte im Kirchenraum. Es kann nicht jemand von der drittletzten Bank links hinter dem Marienaltar den Gläubigen etwas von Gott erzählen oder mitten aus den Kirchenbänken fromme Formulierungen flüstern wollen. Das würde niemandem etwas nützen. Als ich bei einem ökumenischen Gottesdienst wegen meiner 1,52 m Leibesgröße die gewaltige evangelische Kanzel nicht benutzen wollte, gab es einen Aufstand der evangelischen Pfarrer. Das Wort Gottes hat seinen eigenen Ort, nämlich die Kanzel. Und dann wurde mit vereinten Kräften so lange mit Fußbänkchen und Holz an der Kanzel gebaut, bis ich zur Kanzel passte und die Kanzel zu mir. Das hat schon seine innere Richtigkeit. Nicht der Prediger steht über dem Volke Gottes, sondern das Wort Gottes steht über uns allen. Auch im Plenarsaal der UNO werden die wesentlichen Beschlüsse nicht aus einer gepolsterten Seitennische verkündet, sondern vom feierlich gestalteten Rednerpult in der Mitte des Raums. Die Kanzel ist nicht deshalb so feierlich gestaltet, um die Schönheit und das Können des Predigers zu betonen. Es geht um die Würde und die Hoheit des Wortes Gottes. Der Priester hat nicht die Aufgabe, die Menschheit abzukanzeln und den schwarzen Schafen die Leviten zu lesen. Das darf er weder von der Kanzel noch vom Ambo her tun. Er muss und kann mit Nüchternheit und in Begeisterung, mit prophetischem Mut und Sachkenntnis verkünden: Gott ist gut und der Glaube ist schön. Der Priester betet vor der Verkündigung des Evangeliums: „Der Herr sei in meinem Herzen und auf meinen Lippen, damit ich sein Evangelium gut verkündige." Dann erst wagt er es, an den Ambo zu treten oder auf die Kanzel zu gehen.

KEINE SCHÖNE STRAßE

Der Kreuzweg

„Käme er, man würde ihn zum zweiten Mal kreuzigen."
Johann Wolfgang von Goethe

Zur Innenausstattung katholischer Kirchen gehört eine Sammlung von vierzehn Bildern. Sie sind so aufgehängt, dass man sie nacheinander abschreiten und anschauen kann. Wenn möglich, muss vor jedem der Bilder auch Platz für eine ganze Gruppe von Betern sein. Nicht nur das einzelne Individuum soll den Weg an den vierzehn Ereignissen vorbeigehen, sondern die ganze Pfarrgemeinde. Das tut sie mindestens in den Wochen vor Ostern. Alle Bilder hintereinander angeschaut ergeben zusammen eine bestimmte Bildgeschichte. Es ist der Bildbericht vom Leiden und Sterben Jesu Christi. Die Ausführung dieser 14-Bilder-Geschichte kann sehr unterschiedlich sein: in Stein gehauen, in Öl gemalt, in Holz geschnitzt, in Metall getrieben oder in Mosaik gestaltet. Das Format reicht vom DIN-A4 großen Blatt, das die Kinder im Religionsunterricht gemalt haben, bis zu gewaltigen Gemälden großer Künstler, je nach der Größe und der Gestaltung des Kirchenraums. Immer bleibt aber das Thema dasselbe. Die Bilder zeigen die einzelnen Stationen des schrecklichen Leidensweges Jesu bis zu seinem qualvollen Sterben am Kreuz und seiner Beerdigung. Manchmal findet sich auch noch eine fünfzehnte Station als Abschluss der Reihe dieser Bilder. Es ist der Versuch der Darstellung der Auferstehung Jesu von den Toten. Dieses Bild muss aber ein tastender, vorsichtiger Versuch bleiben. Das Leiden eines Menschen kann in Bildern erfasst und dargestellt werden. Aber die Auferstehung des Herrn Jesus Christus entzieht sich unseren Fotoapparaten, unseren naturwissenschaftlichen Methoden und unseren Tagesschauberichterstattungen. Da ist der Glaube dran, hier muss man tief Luft holen und sagen: ich glaube dem Auferstandenen. Die 14-Stationen-Bildgeschichte vom Weg Jesu ans Kreuz heißt „Kreuzweg". Er ist keine schöne Straße. Es ist kein Spaziergang durch helle Parks und Alleen, kein Schlendern über den Kurfürstendamm, kein Flanieren unter den Linden, sondern der einsame und schreckliche Gang Jesu auf den Tod zu. Er ist ihn gegangen, damit die Welt lebe. Wenn einer von uns schlimme Wege im Leben zu gehen hat, soll er wissen: Jesus ist diese Wege schon vorweggegangen. Wenn dem so ist, soll man nicht meinen, die Kirche sei ein Wellness- Institut mit Wohlfühlgarantie und Geldrückgabe bei Nichtgefallen. Damit ich das begreife, gehe ich in meinem Leben immer wieder die vierzehn Bilder ab und schaue, was darauf geschildert ist. Besser noch: ich schaue, wer darauf geschildert ist. Und vielleicht entdecke ich mich in diesem Kreuzweg irgendwo auch selbst. Das wird mir die Kraft geben, geduldig und beharrlich Schritt für Schritt meinen Lebensweg weiterzugehen, gerade dann, wenn es so aussieht, als ob ich nicht weitergehen könnte. Ich werde auch den Mut bekommen, anderen auf ihrem Lebensweg zu helfen, ohne viele Worte. Auf dem Kreuzweg Jesu sind nicht viele Worte gefallen. Aber das letzte Wort hieß: „Es ist vollbracht."

ICH KANN BIS DREI ZÄHLEN

Gott Vater, Sohn und Heiliger Geist

„Gott wäre etwas gar Erbärmliches,
wenn er sich in einem Menschenkopf
begreifen ließe."
Christian Morgenstern

Die evangelische Kirche meiner Heimatstadt heißt Dreifaltigkeitskirche. In der katholischen Kirche meiner letzten Anstellung gibt es eine Figurengruppe von Gott Vater als König, Gott Sohn als Mensch mit Dornenkrone und Gott Heiliger Geist als Taube, eine Dreifaltigkeitsdarstellung. Was bitte sehr bedeutet diese Dreierkombination? Aller guten Dinge sind drei und nicht siebeneinhalb. Es gibt die Bezeichnung Dreikäsehoch, aber nicht Vierkäsehoch. Ein Tisch mit drei Beinen steht dort sicher, wo ein Tisch mit vier Beinen wackeln würde. Auf der Straße regelt ein dreieckiges Schild die Vorfahrt und bewahrt die Autofahrer davor, hinter der Kreuzung nur noch Schrott zu besitzen. Im früheren Gerichtsverfahren brauchte man drei Zeugen, um die Wahrheit einer Aussage zweifelsfrei darlegen zu können. In der Schule lernten wir, wie man mit einem Dreisatz aus drei bekannten Größen eine vierte unbekannte bestimmen kann. Es gibt Leute, die arbeiten für drei, und es gibt Leute, die essen für drei. Zum Skat-Spiel braucht man drei Leute. Ein dreiblättriges Kleeblatt ist bei vielen Völkern ein Symbol für das Göttliche. Im Buch Jesus Sirach steht: „Drei Dinge gefallen mir, sie sind Gott und den Menschen angenehm: Eintracht unter Brüdern, Liebe zwischen Freunden, Mann und Frau, die einander verstehen." Im Buch Kohelet bekommen wir den klugen Rat: „Eine dreifache Schnur reißt nicht so schnell." Was ist also mit der Zahl drei, dass sie in unserem Denken immer wieder auftaucht? Es gibt im Jahreskreis der Kirche ein Fest mit dem Namen Dreifaltigkeitsfest. Wir haben einen Gott. Dieser eine Gott lebt in drei Personen: Vater, Sohn und Heiliger Geist. Das besagt: Wir haben weder einen einsilbigen Gott noch einen monotonen Gott. Wir haben keinen einsamen, in sich verschlossenen Gott. Wir haben keinen Gott, der so mit sich eins und zufrieden wäre, dass er sich für nichts anderes interessierte als für sich selbst. Gott ist kein verknöcherter Hagestolz. Unser Gott gießt sich über uns in einem dreifachen Strom der Liebe aus. Etwas von diesem göttlichen Dreier-Geheimnis ahnt man in dem Grundmodell der Familie. Das besteht auch aus einer Dreiergruppe: Vater, Mutter und Kind. Ein Vater solo ist keine Familie, eine Mutter auch nicht und auch nicht das Kind alleine. Hier ahnt man, dass Gott kein Single-Gott sein kann, denn es ist unmöglich, alleine zu lieben. Gott ist einer in drei Personen. Die Menschen haben immer schon gewusst, dass eine einzelne Eins verloren in der Ecke steht. Die Zwei ist schon der Versuch, aus der Sackgasse der Einsamkeit ins Leben hineinzukommen. Mit der Drei ist dann die Verlorenheit der einsamen Unfruchtbarkeit überwunden. Man steht im Leben, spendet Leben und empfängt Leben. Diese unsere Erfahrung ist das Echo auf die Grundtatsache der dreifaltigen Existenz Gottes. Was der Dreifaltige uns vorlebt und wie er es uns vorliebt, dürfen wir nachleben und nachlieben. Aller guten Dinge sind drei: Gott Vater, Sohn und Heiliger Geist.

KONKRETE SIGNALANLAGE

Das ewige Licht

„Hin zum Lichte drängt das Licht,
doch der Blinde sieht es nicht.“
Friedrich von Bodenstedt

Die Deutsche Bahn unterscheidet Formsgnale, Lichtsignale und akustische Signale. Sie gewähren einen reibungslosen Betriebsablauf. Zu meiner Kinderzeit waren die Formsignale noch weit vorherrschend, zum Beispiel das Formhauptsignal mit einem oder zwei Flügeln. Flügel waagerecht heißt Stopp. Flügel schräg nach oben heißt freie Fahrt. Damit ist die Sicherheit der Fahrgäste gewährleistet. Heute gibt es fast nur noch Lichtsignale. Das Lichthauptsignal muss unbedingt ein rotes Licht und ein grünes Licht haben. Rot ist Stopp, Grün ist freie Fahrt.
In katholischen Kirchen haben wir auch Hauptsignal, nämlich eins von der Art der Lichtsignale. An einer signifikanten Stelle der Kirche findet sich ein rotes Licht. Das ist allermeist in der Nähe des Tabernakels. Bei diesem Signal ist allerdings die Farbe anders als bei der Bahn oder bei der Straßenkreuzung. Die Ampel leuchtet in der Farbe Rot. Dieses Rot ist aber keine Warnfarbe mit dem Befehl „Halt“. Es ist ein Rot, das in der Farbsymbolik eine allseits bekann-

te Bedeutung hat. Rot ist die Farbe der Liebe. Wenn ich einen Liebesbrief schreiben und mit eigenhändiger Malerei verzieren würde, käme ich niemals auf die Idee, das Herz auf diesem Papier giftgrün, pechschwarz oder quietschgelb zu malen. Ein Herz muss rot sein, weil es die brennende Liebe darstellt.
Dieses Rot der Liebe leuchtet aus dem ewigen Licht in der katholischen Kirche. Es signalisiert dem Kirchenbesucher: Wir sind Gott nicht egal. Gott schwebt nicht uninteressiert über uns irgendwo im Wolkenkuckucksheim. Gott liebt uns, und zwar so sehr, dass er seinen Sohn zu uns geschickt hat, als wir Menschen in die von uns nicht mehr zu bewältigende Krise kamen. Wir haben die merkwürdige Begabung, Dunkelheiten selbst herzustellen. Immer wenn es ein paar helle Jahre mit Friede und Ruhe gegeben hat, kommen dunkle Katastrophen und Kriege. Beim Beginn des Ersten Weltkrieges hat ein Politiker das so gesagt: „In Europa gehen die Lichter aus." Woher bekommen wir Dunkelheitsspezialisten Licht? Im Johannesevangelium sagt Jesus von sich: „Ich bin das Licht der Welt." Dieser Jesus Christus lebte mit uns von der Krippe in Betlehem bis zum Kreuz auf dem Berg Golgota. Gott hat eine verblüffende Art erfunden, dass Jesus Christus immer bei uns bleibt. Wir feiern Abendmahl und glauben, dass im Brot des Abendmahls Jesus anwesend ist. Dieses Brot wird im Tabernakel aufbewahrt. Die Signalanlage des ewigen Lichts signalisiert uns: Jesus Christus ist hier anwesend.

Dann kann natürlich das Rot des konkreten Signals auch bedeuten: Stopp! Halte mal an und rase nicht wie ein ICE durch das Leben. Du könntest sonst bei deinem Tempo vor den Baum gehen. Mach mal eine kleine Pause und denke über Gott und dich selbst nach. Das rote Licht neben dem Tabernakel heißt in der katholischen Kirche „ewiges Licht", was natürlich genau genommen nicht stimmt. Aber diese Lampe ist der Hinweis auf das, was kommen wird. Die Welt wird am Ende oder am neuen Anfang nicht im Dunkeln verkommen, sondern für immer im Licht sein.